監修者――佐藤次高／木村靖二／岸本美緒

［カバー表写真］
独立革命とメキシコ革命
（リベラ画，国立宮殿壁画）

［カバー裏写真］
塹壕で倒れる兵士たち
（オロスコ画，サンイルデフォンソ美術館壁画）

［扉写真］
サパタとモレロス州の農民軍

世界史リブレット122

メキシコ革命

Kunimoto Iyo
国本伊代

目次

メキシコ革命とは

メキシコ革命は、二十世紀前半のメキシコで起こった、政治の民主化と経済・社会の改革をめざした、急進的で民族主義的な改革運動である。

狭義のメキシコ革命は、三五年におよんだディアス独裁体制(一八七六〜一九一一年、五頁参照)の打倒をめざした一九一〇年のマデロ(一二三頁参照)による武装蜂起に始まり、一七年の革命憲法の制定によって終結した。しかしより広義に解釈するメキシコ革命は、諸勢力の利害を調整する仕組みを取り入れた政治体制の確立、外国資本の国有化と大規模な農地改革の実施などが実現されたカルデナス政権(一九三四〜四〇年、五六頁参照)の終了をもって終結したとされる。ただし革命の理念を成文化した一九一七年の革命憲法の農地関係と教会にかんする条文が大幅に改正された九二年の憲法改正をもって、メキシコ革命は終結したとする見方もある。

　メキシコ革命は、数百年にわたる絶対王政を打倒したフランス革命、ロシア革命、中国の辛亥革命などとは異なり、三五年間メキシコを統治した独裁者ディアスの追放と政治の民主化をめざす政治運動として始まった。しかしその民主化運動は、抑圧され、極貧状態で暮す全国の農民と労働者を巻き込み、武力抗争の過程で根本的な社会改革をめざす運動へと発展し、メキシコの経済を支配していた外国資本を追放するという民族主義的社会革命へと変容した。メキシコ革命は、ロシア革命が選んだ社会主義体制を選択しなかったが、前近代的な政治・経済・社会構造の改革をめざし、私有権を尊重しながらもそれを制限する国家の介入権を大幅に認めた体制を採用して、民族主義的で反教権主義的な改革運動となった。

　メキシコ革命における反教権主義運動とは、十九世紀初期の独立革命（一八一〇～二一年）と十九世紀半ばのレフォルマ▲革命（一八五四～六七年）を引き継いで闘われた、カトリック教会の支配から脱却することをめざした政治・経済・

▼レフォルマ　スペイン語で改革を意味する。大文字で書くと、世界史では十六世紀の宗教改革を意味するが、メキシコにおける十九世紀半ばのレフォルマ革命もまた、カトリック教会の特権を剝奪した「宗教改革」であった。

社会運動である。独立革命は、自由と平等を求めてスペインの植民地支配からの独立を達成したが、植民地時代にメキシコ社会を支配したカトリック教会から権力と特権を奪うことはできなかった。それを実現したのがレフォルマ革命である。このレフォルマ革命をさらに強化して政教分離を徹底し、カトリック教会の「宗教としての機能」以外の経済的・社会的影響力を国民生活から排除することをめざしたのがメキシコ革命である。

　メキシコ革命を引き起こす直接の原因となったのは、ディアス独裁体制のもとで進展した政治・経済・社会状況が生んだ多様な事態である。ディアス独裁体制によって政治の安定を確立したメキシコは、近代化のために外国資本を積極的に導入して経済発展をとげた。しかし政治の安定は強権政治と言論の自由の弾圧によって達成され、外国資本による経済開発はメキシコの富を欧米先進諸国に売り渡すことになった。鉱山開発と鉄道建設が進み、軽工業が発達すると、労働者たちは過酷な労働環境のなかで働かされた。また輸出用農作物を生産する大農園プランテーションと大農園アシエンダ▲の拡大（一四頁参照）は周辺の伝統的な農村の共有地を侵食し、農民から土地を奪った。

▼アシエンダ　スペイン植民地時代をつうじて形成された土地所有形態は、私有地、先住民村落共有地、カトリック教会を代表とする団体所有地、所有権が不明な未開地に大別できる。植民地時代に出現した大農園アシエンダは孤立した地域社会の単位として機能したが、輸出用農作物の生産が拡大した十九世紀末に近代的な生産単位として出現した大農園プランテーションとともに、従来のアシエンダもまた営利を追求する経営単位となった。

このような半植民地的な経済・社会状況を出現させたディアス独裁体制の打倒をめざして最初に立ち上がったのが、政治の民主化を求めたグループである。しかしほとんど同時に、土地を奪われた農民たちの土地返還要求運動が発生し、やがて社会・経済改革の実現と外国資本の排除をめざす全国規模の武力抗争へと発展した。

メキシコ革命が社会主義体制を選択しなかった原因は、革命動乱期を闘いぬいて勝利をおさめたのが一八五七年の自由主義憲法▲を擁護する護憲派勢力（四三頁参照）であったからである。護憲派勢力は、革命闘争の過程で農地改革・労働問題・女性問題などに取り組む革新勢力へと変わり、一九一七年の革命憲法を制定した。このようにして成立した革命政府は、対立するさまざまな集団の利害を調整する政治体制を一九三〇年代につくりあげた。一九二九年に革命勢力を結集して創設された革命国民党（PNR、六五頁参照）は、三八年にメキシコ革命党（PRM、六七頁参照）と名称を変え、さらに四三年に制度的革命党（PRI、六七頁参照）と名称を変更して、二〇〇〇年までの七一年間メキシコの政治と経済を主導し、現代メキシコの基礎を築き上げたのである。

▼**一八五七年憲法**　一八二一年の独立後に制定された四番目の憲法。連邦共和制・自由主義思想にもとづく国家と国民の関係を成文化し、カトリックを国教として明文化しなかった最初の憲法で、一九一七年の革命憲法の基礎となった。

▼P・ディアス（一八三〇～一九一五）　オアハカ州出身の軍人。フランス干渉戦争で国民的英雄となる。レフォルマ革命で自由主義勢力に参加。大統領選挙に二度挑戦して敗れ、武力で実権を掌握した。

①—ディアスの時代

ディアス独裁体制

革命を引き起こす直接の原因は、三五年におよんだディアス独裁体制である。メキシコ史でディアス独裁体制と呼ばれる時代は、ディアス▲が一八七六年の武装蜂起で実権を掌握してから一九一一年五月に大統領の座を追われて国外へ亡命するまでの三五年間を指す。この間の一八八〇～八四年の一期を除く計七期にわたって、ディアスは大統領の地位を独占した。このディアス時代は、メキシコが一八二一年の独立後、はじめて確立した政治の長期安定期となった。

しかし、この一八七六年の武装蜂起によってディアスが初めから独裁的な権力を握ったわけではない。当時のメキシコは、その広大な国土が地理的に分断された状態で形成された、多様で異質の地域社会からなり、孤立した各地域はそれぞれ特定の実力者たちによって支配されていたため、中央政府が全国を統治するのは容易ではなかった。各地で中央政府に反対する武装蜂起が多発し、土地問題をめぐる農民の反乱が起こった。また北方のアメリカ合衆国（以下ア

メキシコの領土喪失

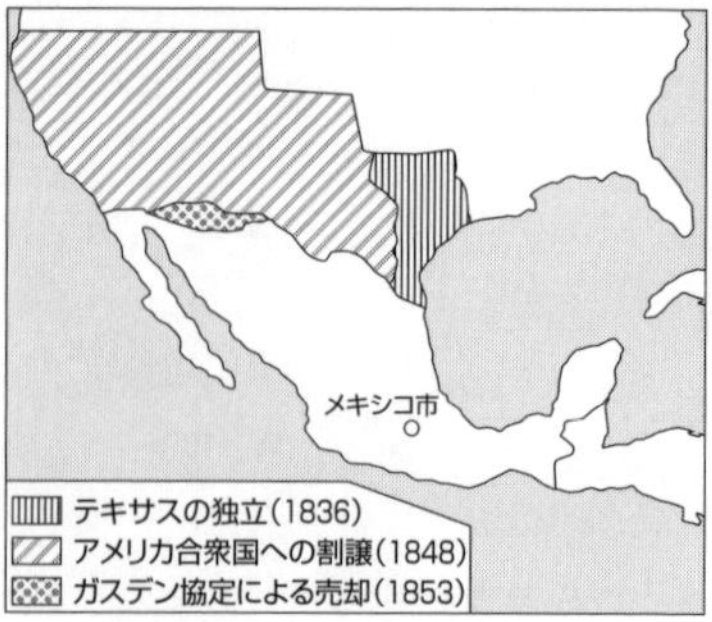

▼ルラーレス　一般的にはディアス時代の地方警察治安部隊を指すが、レフォルマ革命期の内戦で荒廃した国内の治安対策のために、主要道路を警備する治安警察部隊として一八六一年に設立された騎馬警察部隊（一七頁写真参照）。

メリカ）との国境周辺では頻繁に犯罪者や先住民の越境問題が発生して、メキシコはアメリカによる軍事介入の危機に直面していた。一八四六〜四八年のメキシコ・アメリカ戦争の敗北で国土の半分以上をアメリカに割譲したという苦い経験から、ディアスはとくにアメリカの軍事介入にたいして強い危機感をもっていた。

このような理由から、各地の反対勢力を弾圧して国内の統合をはかり治安を確立することは、ディアス政権の最優先課題であった。その目的のために反乱蜂起にたいしては軍隊を出動させて鎮圧した。また頻発していた強盗・殺人・追いはぎ・窃盗などにたいしては、一八六一年に設置されていたルラーレス▲と呼ばれる広域治安警察部隊を積極的に活用して国内の治安を確立した。連邦政府に所属し、強い権限を与えられていたルラーレスは、その徹底した治安対策活動のために国民に恐れられ、ディアス体制の弾圧のシンボルとなった。

ディアス体制は、「パンと棍棒」による強権政治としてしばしば非難されてきた。反対派を懐柔するために「パン」、すなわち利権や恩典を与え、それを受け取らない者にたいしては「棍棒」をふるって徹底的に排除するという政策をとったからである。その結果、大統領に迎合する人びとが登用され、反対する者はことごとく力で排除された。大統領の親族・知己が知事として地方へ送り込まれるか、特定の地域の実力者が大統領に取り入ってその地域を独占的に支配するという構造がつくられた。

このように抑圧的で閉塞した社会は、経済発展によって出現した中間層や排除された一部の富裕層の不満を高めた。

外国資本による経済発展

ディアス時代は、当時の世界の潮流であった自由主義経済理念にもとづいて開発が進められ、欧米文化を取り入れた近代社会形成の時代となった。

外国資本の積極的な導入による近代化政策を推進したのは、シエンティフィコ（科学主義者）と呼ばれた、ヨーロッパの功利主義・実証主義・合理主義思想の影響を受けた少数のグループであった。彼らはディアス政府の要職に登用された。そのもっとも代表的な人物が、娘をディアスに嫁がせた、実業家で内務大臣となったロメロ＝ルビオ▲であり、財政改革を断行した財務大臣リマントゥ

▼M・ロメロ＝ルビオ（一八二八〜九五）　メキシコ市出身の弁護士・政治家。ディアスのもっとも信頼する側近として一八八四年から死去するまで内務大臣を務めた。

▼J・I・リマントゥール（一八五四〜一九三五）　メキシコ市で生まれたフランス移民の子。弁護士。一八九三年に財務大臣に就任。財政の合理化と緊縮政策を断行し、九五年に独立以来はじめて財政赤字を解消した。

ール▲である。

ディアス政府は、広大な国土と豊かな地下資源をもちながら資本の乏しかったメキシコを開発するために、アメリカやヨーロッパに投資誘致使節団を送って、メキシコの潜在的な豊かさを宣伝した。同時に外国資本を受け入れるために国内法を整備し、経済開発の基礎となる拓殖法や鉱業法を制定した。この二つの法律は、ディアス時代の経済開発のシンボル的存在となった。

一八八三年に制定された拓殖法は、正式には「入植および未開発地の測量分割にかんする法律」という名称で、所有権の不明な未開発の土地を測量して分譲し、外国移民を導入する目的で制定されたものである。この法律によって土地の所有が近代登記制にもとづくことになり、所有権の不明な土地が国有地とされた。測量した土地の三分の一が測量会社に無償で譲渡されたことから、その多くが測量を請け負った外国資本の手にわたった。一八八三年から一九一〇年のあいだに、約五〇の外国の測量会社が五九〇〇万ヘクタールの土地を測量し、その報酬として約二〇〇〇万ヘクタールの土地を無償で取得した。

一八八四年に制定された鉱業法は「地下資源は国家に属する」というスペイ

ディアス時代のメキシコに投下された外国資本

（1911年ペソ値，単位千ペソ）

分　野	アメリカ	イギリス	フランス	ドイツ	その他	分野別合計
国債	59,323	82,760	328,132	2,000	25,799	498,014
銀行	34,328	17,558	99,994	12.000	2,000	165,880
鉄道	534,683	401,396	116,240	18,720	59,506	1,130,545
公共事業	13,473	211,558	10,040	—	2,640	237,711
鉱業	499,000	116,887	179,552	—	21,760	817,199
不動産	81,420	90,990	16,000	6,000	—	194,410
工業	21,200	10,855	71,932	26,960	—	130,947
商業	8,960	280	80,000	—	32,890	122,130
石油	40.000	57,200	6,800	—	—	104,000
合　計	1,292,387	989,484	908,690	65,680	144,595	3,400,836

ン植民地時代の所有概念を基本的に受け継いでいたが、九二年の改正のさいに地下資源の私有化を認めて豊かな地下資源開発に一大転機をもたらした。さらに鉱業開発にかんする税制が改正されて、それまでキントと呼ばれた地下資源の開発に課された「五分の一税」が撤廃され、新しい課税率も低率となった。その結果、メキシコの地下資源は欧米資本の注目を集め、外国資本が流入し、それまでの遅れた技術と設備が最新のものに替えられ、外国人技術者の手による開発がすすんだ。

こうして、安定した政治、治安の良さ、豊かな地下資源と自由主義経済政策をもつディアス時代後半のメキシコは、外国資本にとって魅力的な投資先へと変貌した。ディアス時代三五年間に約二四億ドルがメキシコ経済の開発のために投下されたが、その約七〇%が外国資本であった。上表でみるように外国資本の三分の一が投下された鉄道と、四分の一が投下された鉱業が、外国資本の集中した二大分野である。なお外国資本の約三八%はアメリカ資本であった。つづいてイギリスとフランスがそれぞれ二九%と二七%で、これら三国の投資額が外国資本の九四%を占めていたことがわかる。

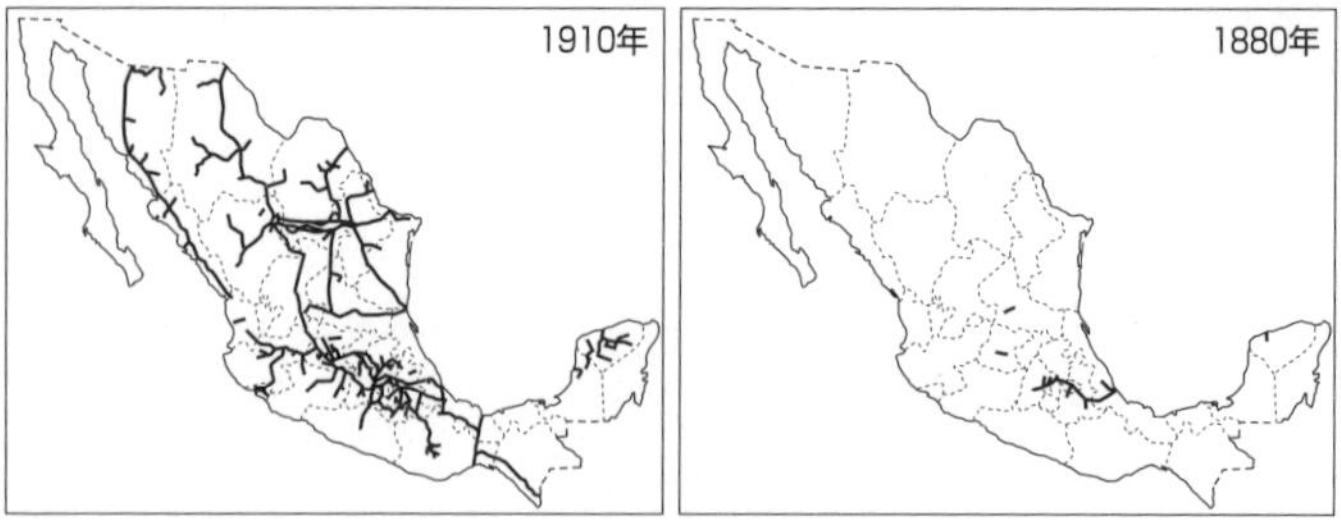

鉄道網の発達（一八八〇年と一九一〇年）

近代化と社会の変容

ディアス時代のメキシコは外国資本の導入による開発と経済発展を経験しただけでなく、さまざまな分野の近代化と変化を経験した。

無償で義務となった初等教育が広まり、公立学校が各地に設置された。とりわけ都市部では初等教育の普及と並行して、経済発展に必要な人材育成のための新しい職業訓練学校が設立され、経済開発と社会の近代化を担う専門職種が拡大した。教師・技術者・弁護士・会計士・医師などの専門職のほかにホワイトカラーの職種がふえて、新しい中間層が出現した。

ディアス時代の経済的繁栄で、多くの主要都市が激変した。拠点となる都市が鉄道で結ばれ、物資と人の交流が容易になり、都市部の人口がふえた。電信・電話による通信手段が発達しはじめたのもこの時期である。こうして各地の拠点都市には近代的な市庁舎・駅舎・郵便局・劇場・新たな住宅街などが出現し、都市の景観と住民の暮しを大きく変えた。

経済活動の活発化は、ディアス政府と結びついた特権層や外国資本と提携したメキシコ人企業家たちに莫大な富をもたらし、新しい富裕層を出現させた。

蒸気機関を導入して近代化された製糖工場内の光景

この富裕層は欧米、とりわけフランス文化に憧れ、瀟洒《しょうしゃ》な住宅に住んで、華麗な社交生活を楽しみ、子どもたちを欧米に留学させた。

メキシコでは植民地時代から織物、砂糖、タバコ、石鹸、紙、ガラスなど、域内の需要を満たす軽工業が発達していたが、ディアス時代に鉄道が建設され流通革命が起こると国内市場が拡大して、軽工業は急速に発展した。とくに繊維産業はディアス時代に急成長した産業の一つである。伝統的な繊維産業地帯であったプエブラ・トラスカラ地域のほかに、メキシコ州、ベラクルス州、ハリスコ州、ドゥランゴ州、ケレタロ州などに大規模な紡績工場が建設された。そして鉄道網の発達と繊維産業の発展は、綿花プランテーションの出現を促した。

同じく製糖業もディアス時代に急成長した産業の一つである。砂糖は農産物であるサトウキビの加工品で、ピロンシーリョと呼ばれる精製される前の黒糖の塊とアルコールが生産されていた。やがて一八九〇年代になると、精製された砂糖が伝統的なピロンシーリョの生産量を追い越した。トラピチェと呼ばれた手動の圧搾機にかわって蒸気機関を導入したインヘニオと呼ばれる製糖工場

ディアス時代の明暗——(明)近代化と繁栄

●——**首都メキシコ市の中央郵便局**　一九〇二年に工事が始まり〇七年に完成した。

●——**二十世紀初頭のメキシコ市の中央広場**(ソカロ)　市街電車のターミナルになった。

●—ベラクルス州メトラック渓谷の鉄橋をわたる列車

●—テキスキアク・ダムの建設工事　繰り返された大洪水からメキシコ市を守るために計画された。

●—ベラクルス州オリサバの近代的なモクテスマ・ビール工場

が建設され、それまでの伝統的な砂糖農園は近代的な工場設備を備えた大農園へと変貌した。

大農園とペオン

ディアス時代の農村を支配したのは、拡大し再編成された大私有地であるアシエンダとプランテーションである。伝統的なアシエンダは植民地時代に出現した大農園を意味し、自給自足が可能な農村部の地域社会の単位でもあった。人口の八〇%が生活する農村を支配していた伝統的なアシエンダの多くは、ディアス時代になると商品作物の栽培に専門化した大農園プランテーションとともに、その所有地を急速に拡大させた。

アシエンダとプランテーションの拡張によって、広大な土地が少数の地主に集中した。一九一〇年の調査によると、面積二五万ヘクタールをこす巨大私有地は全国で一六七あり、そのなかでも最大規模の地主となったチワワ州のテラサス家▲は、五〇をこすアシエンダを所有し、合計面積が七〇〇万ヘクタールに達した。このようにしてメキシコの可耕地の九七%が八三五家族の所有すると

▼**テラサス家**　十九世紀半ばまで孤立していたメキシコ北部のチワワ州でアパッチ族の制圧に貢献したルイス・テラサス(一八二九〜一九二三)が州知事に就任し、広大な土地・鉄道・鉱山・銀行などを取得して大富豪となった一族。

ころとなっていた。

アシエンダとプランテーションは、その拡大のために周辺の村落の農民の土地や共有の牧草地をさまざまな手段で吸収していった。この過程で土地をめぐる紛争が多発し、アシエンダやプランテーションは武装した私兵団をかかえ、土地を奪われた農民たちは対抗する手段をもたなかった。土地を奪われた農民はアシエンダの小作人や農業労働者となった。農園主たちは、賃金の前払い制やティエンダ・デ・ラーヤと呼ばれた農園内の購買部の付け払い制を強制して労働者をつねに負債をかかえる状態におき、労働力を拘束するのがふつうであった。これを「債務ペオン▲」と呼んだ。

もっとも厳しく管理された農園やプランテーションでは、労働者は脱走しないように日中の作業では鞭や銃をもった現場監督によって監視され、夜は鍵をかけた家畜小屋のようなところで眠らされた。逃亡しても警察の手で連れ戻され、見せしめのために他の労働者の前で惨殺されることもあった。

先住民の集落もまた、アシエンダの拡大の犠牲となった。ディアス時代をつうじて約八一万ヘクタールの先住民共有地がアシエンダや企業の手にわたった

▼ペオン　一般的には、技術をもたない労働者あるいは農業労働者を意味し、社会の最貧層に属することを示唆する。

農民を苦しめたティエンダ・デ・ラーヤと無慈悲な大農園主　その手先となった現場監督と警察を描いた壁画の一部(オゴルマン画、国立歴史博物館)。

が、徹底的に抵抗したソノラ州のヤキ族▲の場合、政府によって送り込まれた討伐のための軍隊に鎮圧されただけでなく、数千人にのぼるヤキ族が四〇〇〇キロも離れたユカタン半島の労働力不足に悩むエネケン▲・プランテーションへ奴隷として売り飛ばされた。

労働者とストライキ

以上のような厳しい農村生活から逃れて都市労働者や鉱山労働者になったとしても、労働条件の厳しさと過酷な待遇は農業労働者のそれとほとんど変わらなかった。長時間にわたる労働、非衛生的な労働環境、低賃金、職場における非人間的扱い、購買部で購入させられる割高な商品など、どこでも労働者にとっては厳しく過酷な生活であった。

ディアス時代をつうじて、紡績工場、鉄道、タバコ工場、製パン工場、鉱山でストライキが頻発した。これらのストライキのなかでも一九〇六年と〇七年に起こったカナネア銅山とリオブランコ紡績工場におけるストライキは、企業側が要請した軍隊の出動によって労働者に多数の死傷者をだした悲劇として歴

▼**ヤキ族**　主としてメキシコ北西部に居住する先住民。十九世紀まで征服されずに抵抗を続け、ディアス時代に討伐され、分散目的で遠隔のメキシコ南部に転住させられたほか、キューバに奴隷として売られた。

▼**エネケン**　サイザル麻。中部アメリカ原産のリュウゼツランの一種で、その葉からとれる繊維がロープ、袋、ブラシなどの材料となる。

ディアス時代の明暗――(暗)抑圧と貧困

●――騎乗した監督の厳しい監視のもとでトウモロコシを収穫するペオンたち

●――機動力を駆使して治安の回復に絶大な力を発揮したルラーレス

●――メキシコ市の極貧生活者が泊まった安宿「メソン」　ござにくるまって寝ている。

●――サトウキビを刈る少年労働者

カナネア銅山とカナネア労働紛争犠牲七五周年記念切手

史に刻まれている。

　カナネア銅山はアメリカのアリゾナ州との国境に近いソノラ州北部のアメリカ資本が開発した銅山で、約三〇〇〇名のアメリカ人労働者と五〇〇〇名以上のメキシコ人労働者が雇用されていた。同じ作業でも、アメリカ人労働者が七ペソの賃金を支払われたのにたいして、メキシコ人労働者の賃金は三ペソにすぎなかった。「日当五ペソと一日八時間労働」を要求した労働者たちの抗議はやがてストライキへと発展し、この過程で武力衝突が起こって死傷者をだし、アメリカのアリゾナ州からレンジャー部隊が派遣されて鎮圧された。

　リオブランコ紡績工場はベラクルス州のオリサバにあった。ここで起こった歴史に残る悲惨なストライキは、一九〇六年十二月初めにプエブラ・トラスカラ地域に集中していた紡績工場が労働者に課した厳しい労働条件がその発端となった。一日の労働時間を朝の六時から夜の八時までの一四時間とし、休憩時間は昼食のための四五分だけだった。さらに労働者が破損した機械や製品の弁償が義務化された。これにたいして労働者が作業を放棄し、労働条件の改善を求めてストライキにはいると、工場側は工場の閉鎖(ロックアウト)という手段

リオブランコ紡績工場とリオブランコ労働紛争犠牲七五周年記念切手

をとった。プエブラ・トラスカラの工場側によるロックアウトは各地の紡績工場に波及し、全国で合わせて九三の紡績工場が閉鎖された。その一つが就労者七〇〇〇人をこすオリサバのリオブランコ紡績工場であった。この事態を受けてディアス大統領が仲裁にはいり、ほとんどの工場が仲裁を受け入れて妥協したが、最後まで拒否したリオブランコ紡績工場では、出動した軍隊によって二〇〇名をこす死者を出した。

ディアス体制批判とメキシコ自由党

二十世紀初頭のメキシコは、ディアス政権が誕生した二五年前を想像するのが難しいほど大きな変化をとげていた。そして同時に、さまざまな問題が深刻化していた。しかしディアス大統領の側近として近代化政策を進めたシエンティフィコたちは、問題が深刻化しても、ディアス体制をメキシコの近代化のためには必要な装置と考えていた。こうして形式的に実施された選挙でディアスはかならず再選され、独裁体制を批判する者は厳しく弾圧された。言論の自由はほとんどなかった。そのようななかでも、メキシコが直面する問題を深刻に受けとめる人びとがあらわれた。

最初に問題を大胆に指摘した一人が、弁護士のW・L・オロスコである。一八九五年に『未開墾地にかんする法と判例』という著作を出版し、外国人の手に土地を集中させた土地政策を批判した。ただしオロスコはディアス政権のもとで土地問題を解決できると考えており、ディアス体制の解体を要求したわけではなかった。

一方、政治の民主化と言論の自由を求める人びとのあいだでは、権力の独占と少数の取り巻きに利権が集中する状況に不満が募り、民主主義と一八五七年憲法の遵守を求める声が高まった。近郊の鉱山開発で潤う北部の富裕都市サンルイスポトシで、一九〇〇年に自由主義者のグループが「ポンシアノ・アリアーガ自由クラブ」を結成した。それは全国各地で「自由クラブ」が結成される契機となり、一九〇一年には全国から約五〇名の代表を集めた第一回全国自由主義者大会がサンルイスポトシで開催された。この会議には、のちに急進的な革命運動家となるリカルド・フローレス＝マゴンが参加していた。

しかし政治の民主化のみを求める改革運動に満足しなかったフローレス＝マ

▼W・L・オロスコ（一八五六〜一九二七）　ハリスコ州出身の弁護士。ディアス政権の土地政策を批判して投獄される。のちサンルイスポトシ州で農民の土地紛争にかかわる訴訟を数多く手がけ、全国的にその名を知られた。

▼ポンシアノ・アリアーガ（一八一一〜六三）　サンルイスポトシ州出身の弁護士・政治家。レフォルマ革命の自由主義勢力の一員として活動し、一八五七年の自由主義憲法の制定議会の議長を務めた。

▼リカルド・フローレス＝マゴン（一八七三〜一九二二）　オアハカ州出身の革命家。メキシコ市で法律を学んでいた学生時代に反ディアス運動に参加。一九〇五年に亡命先のアメリカでメキシコ自由党を設立。帰国することなくアメリカで獄死した。

▼**フローレス＝マゴン兄弟**　教育熱心な母親とともにオアハカ州からメキシコ市に移住し、進歩的な国立高等学校で学んだフローレス＝マゴン家のヘスス(長兄)、リカルド(次男)、エンリケ(三男)の三兄弟。ヘススは弁護士となり、のちにマデロのディアス打倒運動(二四頁参照)に参加。リカルド(写真左)とエンリケ(写真右)は学業の途中で反政府運動に参加し、やがて亡命先のアメリカで設立したメキシコ自由党の中核として活動した。

ゴン兄弟▲を含むグループは急進的な社会改革を掲げ、悲惨な生活をしいられている労働者と農民を救済するための運動を展開した。そしてディアス体制を激しく批判したため、官憲に追われて一九〇四年にはアメリカへ逃亡しなければならなかった。それでも彼らはアメリカから独裁者ディアスを糾弾しつづけた。

　アメリカに亡命したフローレス＝マゴン兄弟らは、一九〇五年にシカゴでメキシコ自由党を結成した。そして「再生」を意味する『レヘネラシオン』という機関紙を発行して、ひそかにメキシコ国内の購読者に送りつづけた。このメキシコ自由党が一九〇六年に発表した党綱領は、メキシコを根本的に変革するための具体的な目標を掲げた行動計画であり、のちのメキシコ革命憲法に影響を与えた。全五二項目からなる綱領は、憲法・教育・外国人・教会・労働・土地・税にかんする政策を具体的に提言していた。ディアス独裁体制の打倒と民主政治の復活および改革をめざしたこの自由党綱領の特徴の一つは、レフォルマ革命の自由主義思想をこえた新しいメキシコの民族主義運動であったことにある。外国人の土地所有を禁止し、外国人の雇用を制限し、メキシコ人労働者と外国人労働者の平等な待遇を主張した。

同時にこの綱領は労働者と農民のおかれた過酷な状況を改善するための具体的な目標を明記しており、その急進性は革命にも等しかった。すなわち八時間労働、最低賃金制、児童労働の禁止、労働環境の改善、週六日労働、賃金の現金払い、ティエンダ・デ・ラーヤ(購買部)での付け払い購買制の禁止、労働者の負債帳消しなどを含んだ、労働条件の改善と労働者の救済方法が明記されていた。農民問題については、土地なき農民への土地の譲与、先住民共同体への土地の返還、農業銀行の設立などが謳われた。なお綱領が目標に掲げた教会による不動産所有と教育活動の制限および自由主義理念にもとづく初等義務教育の普及は、明らかにレフォルマ革命の反教権主義思想を踏襲していた。

一九一〇年の大統領選挙

ディアス時代末期に全国で巻き起こった民主化運動を誘発したのは、一九〇八年にディアス大統領がインタビュー取材を受けてアメリカの雑誌記者に語った「メキシコの民主化問題」である。そのインタビューのなかで、ディアスはメキシコ国民が民主政治を実現するまでに成長したと語り、きたる一九一〇年の大統領選挙には出馬しないことを明言した。

このディアスの発言は思いもかけぬほど大きな反響を呼び起こした。政治論議が沸騰し、七十八歳という高齢の独裁者ディアスにかわる次期大統領のポストをめぐって、さまざまな政治勢力が活動を開始した。ディアス時代の経済・社会政策に強い影響力を与えてきたシエンティフィコたちは、少数のエリートによる寡頭政治を提唱した。一方、自由主義派の人びとは、自由な選挙を実施して国民が大統領を選出することを主張した。後者の代表がマデロ▲である。

マデロは、コアウイラ州の大地主の長男として生まれた、メキシコでも有数の資産家の出身で、フランスとアメリカで高等教育を受けていた。父のアシエンダを継ぎ、開明的な地主として知られたマデロは、ディアスの民主化発言に刺激されて『一九一〇年の大統領継承』という題名の書物を一九〇九年に出版した。これは大統領の連続再選による長期独裁化を批判したもので、この本によってマデロは一躍脚光をあびることになった。きたる大統領選挙に備えて再選反対党が結成され、一九一〇年四月の全国大会でマデロは同党の大統領候補に指名された。

▼F・I・マデロ（一八七三〜一九一三）　メキシコ北部のコアウイラ州の大富豪マデロ家の長男。欧米で教育を受け、帰国後マデロ家のアシエンダの経営に従事。やがて政治に関心をもち、政治の民主化を求めてディアス独裁に反対する運動を展開し、メキシコ革命勃発の口火を切った。

晩年のディアス大統領

ディアス打倒運動期のマデロ（中央に座る）**とP・オロスコ**（マデロの左側に立つ。二九頁参照）

当初、ディアスはマデロの大胆な行動を黙認していた。しかし選挙が近づくにつれて国中が緊張し、各地で暴動が発生しはじめると、急遽マデロを逮捕して投獄した。ディアスの七期目の当選が発表された翌日に釈放され、マデロはアメリカへ亡命したが、この亡命先のアメリカで「サンルイスポトシ計画」と呼ばれる声明を発表し、本格的なディアス打倒運動を開始した。

「サンルイスポトシ計画」は、メキシコ革命勃発の第一声である。ディアスが再選された大統領選挙の不正を糾弾し、一九一〇年十一月二十日をもってメキシコ全国民が打倒ディアスをめざして蜂起することを呼びかけたこの計画のスローガンは、「自由な選挙と大統領の再選反対」であった。十一月二十日の一斉蜂起は散発的なものに終わったが、その直後から各地で政府軍と反政府勢力との武力抗争が始まり、やがて反政府運動が全国へ広まった。ディアスは一九一一年五月二十五日に大統領を辞任して、国外へ亡命した。ここに三五年におよんだディアス独裁時代は終わったのである。

②—革命闘争の過程

革命闘争の展開

メキシコ革命の発展過程は、まず大きく二つの時期に分けられる。一九一〇年十一月二十日の革命勃発からカランサ大統領が暗殺された一九二〇年までの前期と、革命憲法にもりこまれた改革の理念を制度化した、いわば再建時代にあたる一九二〇年から四〇年までの後期である。

革命の勃発から動乱が終結するまでのほぼ一〇年におよぶ前期は、つぎの五つの段階に分けてその発展過程を整理するとわかりやすい。第一段階は、マデロがディアス独裁政権打倒のための全国蜂起の日と決定した一九一〇年十一月二十日から、ディアス大統領が亡命する一一年五月二十五日までである。一九一〇年十一月二十日には散発的な武装蜂起しか起こらなかったが、やがて各地でマデロの蜂起に呼応した武装蜂起が発生し、メキシコ全土を巻き込む反政府運動へと発展してディアス大統領を辞任に追い込んだ時期である。

第二段階は、ディアス追放後のレオン゠デ゠ラバーラ暫定政権の成立から、

▼V・カランサ（一八五九〜一九二〇）　コアウイラ州出身の政治家。マデロを暗殺したウエルタ打倒を掲げて蜂起し、護憲派勢力を率いて革命動乱を制圧。一九二〇年の大統領選挙をめぐって暗殺された。

▼F・レオン゠デ゠ラバーラ（一八六三〜一九三九）　ケレタロ州出身の弁護士・外交官。多くの国に駐在し、一九〇八年に駐米メキシコ大使、一一年四月に外務大臣。同年五月のディアスの亡命で職務上から臨時大統領に就任。

レオン＝デ＝ラバーラ（右）**とマデロ**（左）

▼国民カトリック党　一九一一年五月にカトリック信徒と教会が設立した政党。マデロ時代に党員を連邦議会へ送り、のちウエルタ政権を支持。政教分離を掲げた護憲派勢力のカトリック教会と聖職者迫害の原因の一つとなった。

▼V・ウエルタ（一八四五～一九一六）ディアス時代の職業軍人。一八九四年に大佐に昇格したのちユカタン半島のマヤ族の反乱を討伐。一九一〇年にはサパタ農民軍平定の指揮をとった。

マデロが選挙で大統領に選出され、改革に取り組む過程で暗殺された一九一三年二月までである。この時期は、政治の民主化を優先させたマデロと、農地改革を要求するサパタ農民勢力が対立した時期でもある。またカトリック勢力による国民カトリック党▲（ＰＣＮ）が設立され、保守勢力とカトリック教会が政治勢力として再浮上した時期でもあった。

第三段階は、一九一三年二月にマデロを暗殺し、一四年七月まで実権を握ったウエルタ▲将軍による反革命政権時代である。ディアス時代の軍部エリートを代表するウエルタ将軍の政権掌握は、結果としてマデロ時代に分裂した多様な革命勢力を反ウエルタ運動にまとめた。北部諸州の反乱勢力を結集したコアウイラ州知事のカランサをリーダーとする勢力が、一八五七年憲法の遵守を掲げてウエルタ軍部独裁政権と闘った時期である。カランサをリーダーとするこの勢力は護憲派勢力と呼ばれた。

第四段階は、ウエルタ政府が倒れるのとほぼ同時にふたたび分裂した護憲派勢力と農民勢力が、二つの政府をそれぞれ擁立して激しい内戦へと突入し、そのなかからカランサを中心とする護憲派勢力が国土のほぼ七割をその支配下に

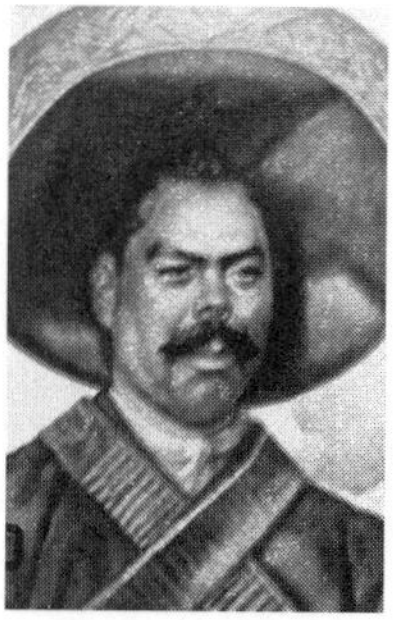

▼**F・ビリャ**（一八七七〜一九二三）
北部ドゥランゴ州の貧農出身。小武装集団を率いてマデロの勢力に参加し、ディアス打倒に貢献。のちカランサと対立し、サパタ勢力と一時連携する。一九二三年に暗殺された。

▼**E・サパタ**（一八七九〜一九一九）
モレロス州の小農。土地の返還を求める村人の代表となり、マデロの民主化要求に賛同してディアス打倒運動に参加。護憲派勢力と対立して暗殺されたが、農地改革最大の功労者。

おさめることに成功した一九一五年十月までの時期である。この内戦の時期に、農地改革をはじめとする社会改革のための政令が護憲派政府によって公布された。

　第五段階は、全国をほぼ制覇したカランサを指導者とする護憲派勢力が、一九一七年に革命憲法を制定し、立憲大統領となったカランサがクーデターで殺害された一九二〇年までの時期である。この間、北部のチワワ州を支配した革命勢力のリーダーであるビリャ▲と南部のモレロス州の農民勢力のリーダーであるサパタ▲がカランサ政権に抵抗しつづけた。

　革命後期にあたる一九二〇年から四〇年までの再建の時代は、一七年に制定された革命憲法にもりこまれた改革目標を実施し、革命を制度化した時代である。安定した民主政治を確立するための政治制度、農地改革を含む新たな経済体制、カトリック教会資産の徹底的な接収と国家による厳しい教会管理体制、国民統合をめざした義務教育の普及と教育改革による近代教育制度などが築き上げられた。この革命後期を二分するのは、一九二六年から二九年にかけてくりひろげられた「クリステーロの乱」（六〇頁参照）と呼ばれる宗教戦争である。

ディアス追放に成功し、メキシコ市に凱旋したマデロ（オゴルマン画、国立歴史博物館の壁画の一部）

革命後期の前半はカトリック教会と信徒集団が憲法の反教権主義条項の修正を求めて積極的な活動を展開した時期でもあった。これはやがて、革命憲法の反教権主義条項の実施を断行した政府にたいして教会がミサをはじめとする信者への宗教サービスを停止し、いわば教会がストライキにはいり、信徒集団が武装蜂起して連邦政府軍と闘った、三年におよぶ宗教戦争へと発展した。この「クリステーロの乱」は、アメリカ政府の仲介によって、一九二九年にメキシコの教会と連邦政府とのあいだで和平協定が結ばれた。

革命後期の後半は、創設された革命国民党（PNR）に諸勢力を結集した一九二九年から農地改革と教育の普及を進めたカルデナス政権時代（一九三四～四〇年、五六頁参照）の終了までを指す。

マデロ政権と反マデロ運動

ディアス大統領の辞任を受けて、レオン゠デ゠ラバーラ暫定政権がただちに発足し、一九一一年十一月六日の選挙をへてマデロ政権が成立した。このマデロ政権発足から一九一三年二月二十一日のマデロ暗殺までの期間は、さきに紹介した革命動乱期の第二段階にあたる。この期間は、独裁者ディアス打倒をめざしマデロの蜂起に呼応して立ち上がったさまざまなグループのあいだに新しい反目が発生し、対立が深まった時期でもあった。

マデロは、再選をかさねて権力を独占してきた独裁者ディアスの追放こそが民主政治を実現する鍵であると考え、独裁者ディアス打倒の蜂起に参加したさまざまな勢力が、もっと根深い社会的・経済的矛盾にたいする不満から立ち上がったことを十分に理解していなかった。マデロが求めたのは根本的な社会変革ではなく政治的民主主義にすぎなかった。したがってマデロの「ディアス打倒」の呼びかけに応じた諸勢力は、マデロ政権が誕生すると分裂した。そのなかでいち早くマデロから離反したのは、モレロス州のサパタ農民勢力である。ディアス政権打倒に大きな功績のあったサパタ農民革命軍の解散を要求したマデロにたいして、サパタ派は土地問題の具体的な改革案を提示した「アヤラ計画」(三四頁参照)を一九一一年十一月二十八日に発表して、マデロと決別した。

北部でも、マデロのディアス打倒運動に大きな功績のあったP・オロスコ▲がマデロ政権にたいして反乱を起こした。マデロ支持者のあいだでも、対立や離

▼**P・オロスコ**(一八八二〜一九一五)　チワワ州出身の商人・革命家。マデロの再選反対運動に共鳴し、同名の父親とともにチワワ州で反ディアス運動を組織する。のちマデロと対立し、ウエルタ反革命勢力に参加した。

マデロ大統領

反があいついだ。自由主義者であるマデロは言論の自由を認めたが、皮肉にもジャーナリズムもまたマデロを無能な政治家として激しく非難した。独裁者ディアスを葬った一大国民運動を指導した、いわば国民的英雄であるマデロは、その穏健な自由主義思想のゆえに糾弾されたのである。

　このようななかで、一九一三年二月九日にメキシコ市内で反乱が発生し、一〇日にわたる市街戦が展開された。この事件は「悲劇の十日間」として知られ、マデロ時代の終焉となった。アメリカ大使H・L・ウィルソンの仲介によって停戦調停が成立し、市街戦が中止された直後にマデロは副大統領のピーノ＝スアレスとともに暗殺され、暗殺を画策したウエルタ将軍が実権を掌握した。革命動乱期の第三段階にあたるこのウエルタ時代は、一九一四年七月まで一七カ月続き、ディアス時代への復帰をめざす反革命期を出現させた。

反革命政権の成立と革命勢力の結集

　マデロにかわって実権を握ったウエルタ将軍による反革命時代は一九一四年七月まで続いた。ウエルタはディアス体制下のエリート軍人の一人で、マデロ

▼悲劇の十日間　一九一三年二月九日から十九日にかけてメキシコ市で起こった旧ディアス体制の軍人による市街戦をともなった武装蜂起事件。アメリカ大使、ウエルタ将軍などの画策によってマデロ大統領と副大統領が暗殺された。

▼H・L・ウィルソン（一八五七〜一九三二）　アメリカの弁護士・外交官。一九一〇〜一三年メキシコ駐在大使。一九一三年二月のマデロ暗殺を引き起こした反革命勢力の陰謀に加担した。

▼J・M・ピーノ＝スアレス（一八六九〜一九一三）　タバスコ州出身の弁護士。ユカタン州で活動し、文芸新聞を発行した文人。マデロの再選反対運動に共鳴し、タバスコ州とユカタン州で再選反対党の組織に尽力した。

以上に社会改革の必要性を認識しない保守勢力を代表していた。その結果、マデロが暗殺されウエルタ政権が出現すると、各地で反マデロ運動を展開していたさまざまな革命勢力は反ウエルタ運動へとふたたび結集していった。

打倒ウエルタをめざして結集した最大の勢力は、北部コアウイラ州知事のカランサを中心とする護憲派勢力である。護憲派とは、ディアス時代に弱体化された一八五七年の自由主義憲法の精神を復活しようとした穏健な改革派である。彼らのスローガンは、非民主的手段に訴えて政権を掌握したウエルタ将軍の退陣であった。護憲主義者たちは、カランサが発表した「グアダルーペ計画」▲にもとづいてカランサを護憲運動の第一統領として認め、ウエルタ打倒の運動を激しく展開した。しかし一九一四年七月十五日にウエルタ政府が倒れると、ウエルタ打倒に結集していた革命勢力はカランサ派、サパタ（二七頁参照）派、ビリャ（二七頁参照）派の三つの勢力に分裂して対立することになった。その対立を鮮明にしたのがアグアスカリエンテス会議である。

アグアスカリエンテス会議は、政治改革を求めた穏健な護憲派勢力が急進的な革命運動へと変貌をとげる重要な転機となった。ウエルタ政権打倒の運動に

▼グアダルーペ計画　一九一三年三月にカランサがウエルタ政権打倒を全国民に呼びかけた声明文。武力による政権掌握に反対し一八五七年憲法の遵守を掲げ、自ら護憲主義勢力第一統領を名乗って護憲派勢力を結成する出発点となった。

支持者と歓談するウエルタ（中央）

アグアスカリエンテス会議のグティエレス大統領（前列左から二人目）**をはさんだビリャ**（前列左端）**とサパタ**（前列左から三人目）

▼E・グティエレス（一八八一〜一九三八）　コアウイラ州出身の革命家。メキシコ自由党に共鳴し、のちマデロ運動に参加。アグアスカリエンテス会議で大統領に選出されたが、サパタ勢力とビリャ勢力を統括できず辞任。

参加した主要な勢力を一堂に集めて動乱の終結をはかろうとしたカランサの意図に反して、同会議は農地改革を求める農民勢力の結集の場となった。護憲派軍の北部師団を率いてウエルタ連邦政府軍と闘ったビリャとモレロス州の農民軍を率いて闘ったサパタが農民勢力のリーダーとして脚光をあび、ウエルタ打倒の運動は農地の返還を求める農民運動であることが強調された。その結果、会議は農民派とカランサ派に分裂し、農民派はグティエレス▲を大統領に選出して臨時政府を樹立した。このアグアスカリエンテス会議派政府にたいして、カランサの率いる護憲派はベラクルスへ逃避して護憲派政府を樹立した。

　こうして一九一四年秋から翌一五年夏にかけて、二つの政府のあいだで激しい戦闘がくりひろげられた。この覇権争奪戦のなかからカランサ派が決定的な勝利をおさめる契機となったのが、一九一五年春の軍事的勝利（四四頁参照）とそれに続くアメリカをはじめとする諸外国のカランサ政府承認である。そしてこの内戦期に、カランサ派は護憲主義勢力から社会改革のプログラムを提示する革命勢力へと変貌をとげていた。その変化に大きな影響を与えたのがサパタ農民運動であり、護憲派軍に参加した労働者たちであった。

サトウキビを運ぶ農民（コルテス宮殿の壁画の一部）

サパタ農民運動

　メキシコ革命の農民勢力を代表するサパタ農民運動は、首都メキシコ市に隣接する、先住民人口の多い、伝統的な糖業地帯のモレロス州で起こった。ディアス時代に急成長した砂糖生産がモレロス州の糖業アシエンダのサトウキビ農地の拡張を促し、周辺の村落共有地や農民の土地を吸収した大糖業アシエンダと村落農民が対立した。そのような農民たちがサパタという指導者を中心に「奪われた土地の返還」を求めて闘った運動がサパタ農民運動である。

　ディアス時代に一大砂糖生産地帯へと発展したモレロス州は、一八八〇年に始まる近代的な機械設備の導入と技術革新によって、急速な変化を経験した。旧式の製糖所が近代的な製糖工場に変わり、砂糖の生産量は四倍に増大した。この糖業の拡大は、それまで多くの問題をかかえながらも長い年月をかけて形成されてきた糖業アシエンダと村落共同体および農民との関係を急激に変化させ、対立させた。

　村落共同体とアシエンダの対立は、主としてアシエンダの土地拡張と水利権

サトウキビ・プランテーションの巨大な灌漑用水路（モレロス州）

にからんで発生した。それまでアシエンダと村落農民は共存していた。アシエンダは、直接利用しない森林・牧草地・不毛地などの多様な所有地で近隣の農民が家畜を放牧し、薪やキノコを採集するのを認めてきた。しかしサトウキビの作付面積が拡大すると、アシエンダは所有地を囲い込みはじめた。同時に河川から引く灌漑用水が急増し、巨大な灌漑用水路を築き上げ、河川の水を独占的に利用した。このようなアシエンダ側の一方的な取水の増大は、村落農民側にとって深刻な問題となった。

サパタが生まれ育ったモレロス州アヤラ村の農民が生活防衛のために武装したのは一九〇九年である。翌年五月、アシエンダに占拠された土地の奪還をめざして武装蜂起した農民たちは、独裁者ディアス打倒を掲げたマデロの「サンルイスポトシ計画」に共鳴してマデロ運動に合流し、その勝利に貢献した。しかし政治の民主化を優先して農地改革の緊急性を理解しなかったマデロにたいして、サパタらは一九一一年十一月に農地改革の具体策を提唱した「アヤラ計画」を発表して、マデロと決別したのである。

「アヤラ計画」とは、サパタ派農民勢力がマデロ大統領を否認し、マデロに

●—サパタとモレロス州の農民軍

●—馬上のサパタ

●—銃をもつサパタ

かわってP・オロスコを反乱軍の統領とすることを宣言すると同時に、土地問題にかんする具体的な改革案を掲げた宣言である。ディアス時代に大アシエンダによって収奪された農地・森林・水利権などの返還を要求したこの「アヤラ計画」は、全国の農民運動のモデルとなった。

その後、サパタ農民軍は一九一四年の夏までマデロおよびウエルタ両政府軍と熾烈な闘いをつづけた。また北部チワワ州の革命勢力の指導者ビリャと連帯して、一九一四年十月に革命勢力が一堂に会したアグアスカリエンテス会議で農地改革を革命綱領として採択させることに成功し、サパタ農民派はメキシコ革命における農地改革の理念と実践に大きな影響を与えることになった。サパタ農民運動にはディアス゠ソトイガーマ▲を代表とする中間層出身の知識人も参加しており、彼らがはたした役割も大きかった。

サパタ農民派が最終的に革命政権樹立の中心勢力となれなかった理由に、指導者としてのサパタ自身の政治的指導力の欠如やモレロス州農村の地域主義と閉鎖性などがあげられる。しかしサパタ農民派の主張は、メキシコ革命がのちに取り組むことになるアシエンダの解体と農地改革の基礎となった。

▼**A・ディアス゠ソトイガーマ**（一八七四〜一九六七）　サンルイスポトシ州出身の弁護士。ディアス時代末期に国外追放された。革命勃発で帰国し、サパタ運動に参加。アグアスカリエンテス会議で農地改革政策を主導した。

北部諸州地図

▼**A・オブレゴン**（一八八〇～一九二八）　ソノラ州出身の革命家。一九一二年のP・オロスコの反乱でマデロ側に参加。のちビリャとカランサの対立のなかでカランサを支持し、護憲派勢力の軍事的勝利に貢献した。

北部革命勢力とビリャ

メキシコの北部地方は、先住民人口を多数擁する伝統的な糖業地帯であったモレロス州とは対照的に、十八世紀にはいってから開拓が進んだ人口の希薄なフロンティア地帯であった。ディアス時代の鉄道建設、私有地の拡大、アメリカ資本の進出などによって、独自の社会・経済発展を経験していた。

ウエルタ反革命時代にもっとも強力な革命軍を結成したのは、コアウイラ州・チワワ州・ソノラ州の北部三州の革命勢力である。コアウイラ州知事であったカランサが発表した「グアダルーペ計画」に呼応した諸勢力のなかでも、チワワ州のビリャを司令官とする北部師団とソノラ州のオブレゴン▲を司令官とする北西部師団が、護憲主義を旗印とした護憲派勢力の二大軍事力の主力となった。しかしウエルタ打倒の目的が達成されると、カランサとビリャは激しく対立することになり、オブレゴンの率いるソノラ勢力はカランサを支持した。

コアウイラ州は、ディアス時代にメキシコ十大財閥の一つに数えられたマデロ一族が支配した地域である。マデロ家は広大な土地と鉱山・銀行・工場などを所有し、マデロの父親はディアス時代にイギリス大使を務めたこともあり、当時のメキシコでは特権階層に属する一族であった。したがって、マデロ運動が独裁者ディアスの排除をめざす政治の民主化運動の枠をこえることができなかったとしても不思議ではない。カランサをはじめとしてマデロを支持した人びとの多くも地主たちであり、モレロス州のサパタ農民派とは対極に位置していた。マデロ亡きあと、マデロの理念を基本的に受け継いだのは、自らも地主であったカランサである。

一方、チワワ州の革命勢力の中心となったのは、革命初期のリーダーであるゴンサレス▲をはじめとして、ディアス時代に急速に拡大した中間層であった。チワワ州はアパッチ族▲が支配するフロンティアの地で、長年にわたって入植者とアパッチ族とのあいだで抗争が続いていた。この危険な地域への入植にはさまざまな恩典が与えられていた。その結果、南部地方の伝統的なアシエンダとは異なるタイプの私有地が形成された。アパッチ族の抵抗が一八八五年までに鎮圧され、その後はアメリカへの輸出用牧畜業が急速に拡大すると、フロンティア開発時代に認められていた自由な放牧が禁止され、法を盾にした強引な開

▼A・ゴンサレス（一八六四～一九一三）　チワワ州の農民・革命家。チワワ州内のマデロ運動を率い、マデロ政権の内務大臣を務めたが、チワワ州で暗殺された。

▼アパッチ族　主としてメキシコ北部からアメリカ合衆国南西部に居住していた先住民。メキシコがアメリカに国土を割譲し国境線が引かれたことで二分されたが、ディアス時代の北部開発政策の過程で征圧された。

●——鉄道で移動するビリャ軍

●——戦場を駆けるビリャ

●——ビリャ（前列左から三番目）と支持者たち

ビリャ(右から三人目)と参謀たち

拓地の囲い込みが進み、大地主たちからなる寡頭勢力と中小地主とのあいだの対立関係が深まった。このような状況を背景として、牧童出身のビリャが、その優れた軍事的戦略家としての才能と勇猛果敢な行動力とによって、革命勢力を率いる統領の一人として台頭したのである。

ビリャの率いる北部師団は、接収したアシエンダ・銀行・工場などを資金源にして強大な革命軍を築き上げた。ビリャの功績はこの軍事力でチワワ州の寡頭勢力を倒したことである。しかし有能な知識人集団を身近にもたず、社会改革への展望を描けなかったビリャは、土地の分配に取り組むなど若干の改革に着手したが、サパタ派がめざしたような恒久的な農地改革へつながる革命に貢献するところは少なかった。

労働者の組織化と動員

革命動乱期は、ディアス時代の経済発展によって生まれた多様な分野の労働者たちが一つの勢力として全国的に台頭する契機ともなった。ディアス時代の経済発展により急速に増加した産業労働者の数は、一九一〇年にはおよそ八六

▼**「世界労働者の家」**　スペイン語の直訳。一九一二年にアナーキストたちによって設立された労働組合。護憲派勢力と協定を結び、労働環境の改善を条件に「赤色大隊」と称した労働者部隊を護憲派軍に参加させ、革命運動に労働者勢力の基盤を築いた。写真は教会の祭壇を破壊し占拠した赤色大隊。

万人に達していた。地域により、また職種によって、労働条件は多様であったが、いずれの分野でも劣悪な環境のもとで苛酷な労働をしいられ、低賃金にあえいでいた。そのため、厳しい弾圧にもかかわらず、労働条件の改善を求めてストライキが多発していた。独裁者ディアスの打倒をめざしたマデロ運動に呼応した組織労働者のグループはなかったが、労働者たちはすでにメキシコ自由党の影響を受けており、労働者が団結する下地はできていた。

マデロ大統領時代の一九一一年から一二年は、労働者が組織化された時期である。一九一一年五月にディアスが亡命すると、たちまち数多くの労働組合が組織された。とくにメキシコ市では、有力な印刷工組合が『メキシコ印刷工』という新聞を発行して、全国的な労働者啓蒙運動を展開した。また一九一二年七月には、印刷工組合を中心とする「世界労働者の家」▲が全国労働者組織の本部として、メキシコ市内に設立された。印刷工組合、首都石工組合などの有力な労働組織によって推進された「世界労働者の家」の活動は、労働者の目覚めと結束に大きな影響を与えた。

その結果、労働条件の改善を要求して立ち上がったさまざまな労働組合によるストライキが、全国的に発生した。多発するストライキ攻勢のなかで、労使問題の調停および労働問題に対応する機関を必要としたマデロ政府は、勧興省に労働局を設置した。このマデロ政権の政策は労働問題にたいする連邦政府の関心を高める契機となり、革命諸勢力が激しく対立した一九一二年から一五年までの武力闘争期に、女性と児童の労働規制、労働災害防止、日曜祭日の休息、賃金の現金払い、ティエンダ・デ・ラーヤ（購買部）の廃止、労働組合の法的地位とストライキ権などにかんする法律がつぎつぎと制定された。

　またアグアスカリエンテス会議派政府と護憲派政府が闘った内戦では、「世界労働者の家」が、労働条件の改善への取組を約束した護憲派政府を支援して「赤色大隊」と称した労働者部隊を組織し、カランサ勢力の軍事行動に参加した。しかし激しいインフレに見合う賃金を要求してストライキをおこない、さらにゼネストを決行したため、一九一六年の夏に「世界労働者の家」はカランサによって閉鎖された。その後、産業労働者の諸組合はモロネス▲の呼びかけによって一九一八年に結成されたメキシコ労働者地域連合（CROM《クロム》）▲に結集し、翌一九年に政党組織としてメキシコ労働者党を結成した。

▼**L・モロネス**（一八九〇〜一九六四）　印刷工。「世界労働者の家」のメンバーとなり、護憲派勢力のオブレゴン派として行動。一九一九年にオブレゴンの大統領選出を支援するためにメキシコ労働者党を設立した。

▼**メキシコ労働者地域連合**（CROM）　一九一八年に設立。メキシコで誕生した最初の全国規模の労働組織。一九二七年には組合員数二二五万人を数えたが、内部分裂から三三年に解散した。

カランサ(前列中央)と参謀たち

③—国民国家の建設過程

護憲派勢力による全国制覇

一九一四年にウエルタを権力の座から追放することに成功した諸勢力が直面した問題は、反ウエルタ勢力として結束した有力者のなかから誰を大統領に選ぶかという問題であった。革命勢力が一堂に会した会議が十月一日にメキシコ市で開催された。しかしカランサ派、ビリャ派、サパタ派が厳しく対立したため、メキシコ市から北西に直線距離で約三〇〇キロ離れた中立的なアグアスカリエンテス市に会場を移して、革命勢力諸派の大会が十一月九日まで開催された(三二頁参照)。アグアスカリエンテス会議は、各勢力の鋭い対立と革命目標の違いを鮮明にし、グティエレスを大統領に選出して幕を閉じた。ビリャ派とサパタ派が擁立したグティエレス政権に反対したカランサ派は、メキシコ市を脱出してメキシコ湾岸の港町ベラクルスへ移動した。こうして一九一四年の秋には、革命勢力は二つの政府を擁立して分裂し、その後一年間続く内戦へと突入した。

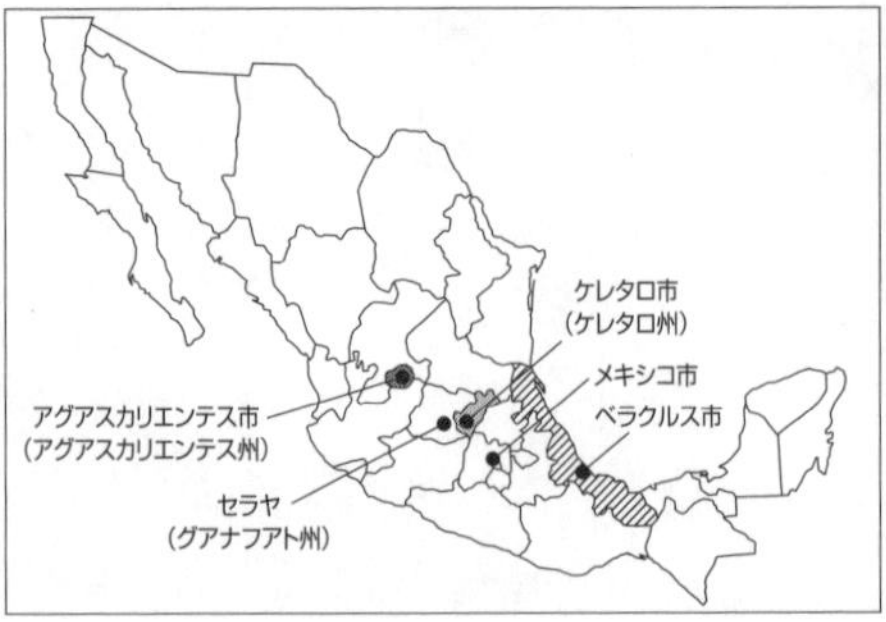

内戦期の拠点都市　斜線は、護憲派勢力が死守したベラクルス州。

カランサを擁立した護憲派勢力は、ベラクルスから巻き返しをはかった。護憲派の基盤強化をめざして農民と労働者の支持を取りつけるため、さまざまな社会・経済改革にかんする行政布告が護憲派政府によってベラクルスでだされた。農民にたいしては、一九一五年一月六日に農地改革令がだされ、その実施のために、全国農業委員会および各州支部の設立が計画された。労働者にたいするアピールとしては最長労働時間と最低賃金が定められ、すでに述べたように「世界労働者の家」を護憲派勢力に取り込むことに成功した。同組織は「赤色大隊」という組合労働者部隊を組織して、護憲派勢力が支配する地域の都市や村落を防衛する任務を引き受けた。

一九一五年一月、カランサ派は首都奪還に成功した。つづいて四月のセラヤの戦いでカランサ派はビリャ軍に勝利した。カランサ派の主力部隊であるオブレゴン軍がビリャ軍を破ったこの戦いは内戦時代の最大の戦闘となり、ビリャ派の軍事的敗北を決定した。その後カランサ派は一九一五年の秋までに、二七州のうち二〇州に護憲派州政府を樹立し、国土の八分の七以上を支配した。その結果、一九一五年十月にアメリカから政府承認を取りつけた。

制憲議会の内部（ケレタロ市イツルビデ劇場）

革命憲法を制定した人びと

　メキシコ革命史上もっとも重要なできごとは、一九一七年二月五日に公布された革命憲法の制定である。一九一六年十月に一八五七年憲法（四頁参照）第九条の「国民の意思の表明」という規定にもとづいて制憲議会議員の選挙が実施され、一六年十二月一日から翌一七年一月三十一日にかけてケレタロ市で制憲議会が開催された。

　制憲議会代議員選挙ではビリャ派もサパタ派も立候補の資格を否定され、護憲派勢力以外の諸派を完全に排除した状態で選挙がおこなわれたため、制憲議会は形式的な一八五七年憲法の修正をめざすものだと一般に考えられた。しかも二カ月という短い期間でカランサが用意した修正案を審議することになっていた。しかし開催された制憲議会は、穏健な改革をめざすカランサが用意した一八五七年憲法の修正案を審議するという作業をはるかにこえて急進的な制憲議会へと変容し、革命憲法を制定したのである。

　制憲議会が急進的な会議へと変容した最大の理由は、選出された議員たちの

年齢層別制憲議会代議員構成

年齢層	人数
25歳以下	10
26～29歳	40
30～39歳	90
40～49歳	54
50～60歳	17
61歳以上	3
不明	4
合　計	218
平均年齢	37歳

制憲議会代議員の職業

職種	人数	全体に占める割合
専門職	155	71%
うち弁護士	58	
医師	22	
技師	19	
ジャーナリスト	18	
教師	17	
その他	21	
労働者	22	10%
軍人	41	19%
合　計	218	100%

思想と行動力にあった。一九一〇年の国勢調査にもとづき人口規模に比例して州・連邦政府直轄領・連邦特別地区(メキシコ市)から選出された合計二一八名の代議員たちは、五八名を数える弁護士をはじめとして医師・技師・ジャーナリスト・教師など高等教育を受けて専門職に従事していた人びとが全体の三分の二以上を占めていた。また、代議員の半数以上は二十代と三十代であった。そして彼らの多くはマデロの民主化要求に共鳴してマデロ運動に参加し、やがて革命動乱のなかで社会的矛盾に目覚め、各地域で武力闘争に参加した人びとでもあった。このように国民が選出した代議員たちのすべてが護憲派に属していたとはいえ、カランサが認識していた以上に彼らの多くは急進的であり、メキシコ社会の真の改革に取り組む熱意をもっていたのである。

この制憲議会に集まった代議員のあいだで高まっていたものは、民族主義・反教権主義・社会改革に取り組もうとする情熱であった。民族主義意識はメキシコにおける外国人の経済活動を極度に制限し、メキシコとメキシコ国民の利益を最大限に保護する基本的姿勢となって新憲法にもりこまれた。反教権主義意識は、政教分離だけでなく、カトリック教会と聖職者の行動を厳しく制限する条項をもりこんだ。社会改革は、農地改革と労働者の保護を具体的に謳った条文にもりこまれた。

革命憲法の特徴

　メキシコの現行憲法でもある一九一七年憲法は、メキシコ革命の理念と目標を成文化したものである。全九部一三六条からなるこの憲法は、一八五七年憲法の修正という形式をとったが、革命闘争の過程で提示されたメキシコ社会のあるべき姿をめざした、つぎのような新しい特徴をもりこむ結果となった。

　国家形態は、代議制・民主制および連邦制という旧憲法(一八五七年憲法)の規定をそのまま継承したが、旧憲法とは異なり強大な権限を大統領に付与した。それは、権力を一カ所に集中させることを悪とした旧憲法で立法府に大幅な権限が与えられたため、結果として行政の効率化をねらった独裁体制を生み出したという反省からきていた。そして独裁者の出現を予防するために、大統領任期の非連続を含めた「再選の絶対禁止」が明記された。

　新憲法は私有財産制を認め、所有権の不可侵性を規定(第一四条)しているが、

革命憲法発布五〇周年記念切手に描かれたカランサ

第二七条の原案作成に参加した代議員たち

第二七条で「土地と水の所有は根源的に国家に属する」とし、公共の利用のための国家権力の発動に根拠を与えた。全一八項からなるこの第二七条は、農民への土地の返還・譲与を含めて、サパタ農民運動が提示した「アヤラ計画」をもりこんでいた。また外国人および宗教団体の土地所有を制限・禁止した。地下資源の所有権は国家に帰属するものとされ、メキシコ人およびメキシコ法人だけが土地・水などの所有権を取得する権利を有し、鉱山または水の開発および利用の権利譲渡を受けられると規定した(第I項)。ただし以上の規定は一九九二年の憲法改正で大幅に変更されている。

労働基本権と社会保障にかんする第一二三条では、八時間労働、夜間労働最長七時間、週休、女性の出産休暇と母体保護、最低賃金制、男女同一労働同一賃金、貨幣による賃金の支払いの義務、超過労働の賃金保障、労災保障、労働者の団結権とストライキ権、労使関係の調停仲裁委員会の設置などが、詳細に明記された。憲法上の規定が国家理念の表明であるとしても、労働基本権の内容を詳細に規定したこの条文は二十世紀初期に制定された、世界でもっとも進歩的な憲法の一つとして評価された。

第一二三条の原案作成に参加した代議員たち

新憲法の別の特徴は、教会にかんするさまざまな規定が第三条、第五条、第二四条、第二七条、第一三〇条で明記されたことである。第三条は「教育の自由」と「教育の非宗教性」を明記し、宗教団体や聖職者による学校設立および監督を禁止した。第五条は修道会の存在を否定し、第二四条は信教の自由を明文化した。第二七条はその第Ⅱ項で宗教団体による不動産の所有を禁止し、第一三〇条は宗教事項にかんする国家の介入権を詳細に規定した。その結果、正式な婚姻を民事婚とし、各州内の聖職者数を制限する権限が州政府に与えられ、聖職者の資格をメキシコ生まれのメキシコ人とすること、聖職者による憲法と政府批判の禁止、聖職者の選挙権・被選挙権・団結権の否定、礼拝所新設の許可制、聖職者の登録制、礼拝所における政治集会の禁止などが明記された。ただし、これらの条文は一九九二年の憲法改正で大幅に書きかえられている。

帝国主義勢力との対決

革命が勃発する直接の原因をつくったディアス時代は、世界が少数の列強によって分割され、支配されていく帝国主義時代の形成期にあたる。二十世紀初

ベラクルス港に上陸したアメリカ海兵隊

めに全世界的な帝国主義体制が完成したとき、すでに述べたように、メキシコはアメリカ・イギリス・フランスなどの影響下におかれていた。革命が勃発すると、メキシコで起こっている事態を、国境を接するアメリカがとくに深刻な目で見守ったのは当然であった。

メキシコ革命の動乱期は、アメリカではタフト共和党政権(一九〇九〜一三年)とT・W・ウィルソン民主党政権(一九一三〜二一年)の時代にあたる。タフト政権は当初、内乱の収拾と安定政権の出現を望んでマデロを支持し、メキシコの動乱に介入しなかった。一方ウィルソン大統領は、武力による実権掌握を認めないとする原則を掲げてウエルタ政府を承認しなかった。しかし矛盾するメキシコ政策をとったのもウィルソン政権である。一九一四年三月、ウエルタ政府軍へ供給する武器・弾薬を積んだドイツの貨物船イピランガ号のベラクルス入港を阻止するために、ウィルソンは海兵隊六〇〇名をベラクルスに上陸させた。この事件は、武力による政権交替に反対するウィルソンの民主主義の理念と、自国の政策に反する他国の行動を武力で阻止しようとする現実主義的政策のメキシコへの適用という、アメリカの矛盾するメキシコ革命への姿勢を示す事件となった。

一九一四年夏にヨーロッパで勃発した第一次世界大戦は、拡大しつつあったウィルソン政権のメキシコ干渉政策に歯止めをかけることになった。イギリスを支援するアメリカは、背後のメキシコと決定的な対立関係に陥ることを避けねばならず、一九一五年には内戦を闘い抜いたカランサ政府を承認することでメキシコ問題に解決策を見出そうとした。しかしこの時期に国境地帯でアメリカ人を襲撃し殺害していたビリャをとらえるため、「ビリャ懲罰隊」と呼ばれる五〇〇〇名の兵士からなる軍隊がメキシコ領土内に派兵された。これにたいしてメキシコ国内で武力抗争を続ける各勢力は反米感情を強め、ウィルソン政権のメキシコ政策はメキシコ革命が民族主義的要素を強める原因の一つとなった。

一方、ドイツは、遅れて登場した列強としてアメリカやイギリスが獲得していた利権に食い込むためにも露骨な介入政策をとった。メキシコに武器・弾薬を積極的に供給しただけでなく、軍事顧問をメキシコに送り込んだ。第一次世界大戦の勃発によってドイツのメキシコ介入は後退したが、それでもドイツの介入はメキシコにとってアメリカに対する牽制力となった。一九一七年一月、

▼**安達峰一郎**（一八六〇〜一九三四）
日本の外交官・常設国際司法裁判所長。一九一三〜一五年メキシコ駐在日本公使。二〇〜二九年国際連盟日本代表。三〇年から常設国際司法裁判所判事、三一年に所長となり、アムステルダムで客死した。オランダ国葬・常設国際司法裁判所葬で葬られた。

ヨーロッパ戦線で不利な状況に追い込まれていたドイツは、アメリカのイギリス支援を難しくさせるために、メキシコがアメリカに戦争をしかけるよう画策した。「ツィンメルマン電報事件」として知られるこの陰謀は、メキシコ・ドイツ・日本が三国同盟を結んでアメリカに宣戦布告すること、また戦争に勝利したときにはメキシコは十九世紀にアメリカに割譲した領土を取り戻すという秘密同盟の提案であった。カランサが拒否したため、三国同盟による対米戦争構想は消えた。

日本もまた、メキシコ革命動乱期に注目された外国勢力の一つであった。日本は日露戦争の勝利によって列強の仲間入りをしたばかりで、メキシコにほとんど利権をもっていなかった。しかし当時の日本はカリフォルニア州を中心とするアメリカ西部の排日運動によってアメリカと微妙な対立関係にあった。この問題をからめて日本が対米関係で有利な立場を築くために反乱するメキシコの反米感情を利用していると、諸外国は考えた。また日本の利権拡張を重視していた駐メキシコ日本公使安達峰一郎▲の言動も、メキシコにおける日本の立場が実態以上に大きく取り上げられる結果をまねいた。

●—ビリャに懸賞金をかけたアメリカのポスター

●—**動乱のメキシコへ派遣された日本軍艦出雲の将校たち**
アメリカ・イギリス・フランス・ドイツがメキシコ沿岸に軍艦を派遣した一九一三年、安達峰一郎公使の強い要請を受け、日本も軍艦を派遣した。メキシコの太平洋沿岸に派遣された戦艦出雲の将校一五名の首都表敬訪問(一四年一月下旬)の記念写真。日本のメキシコへの野心が新聞で広く取沙汰された。

ナショナリズムの台頭

革命動乱期は、利害の対立する諸勢力が武力闘争の過程で一つの革命運動をつくりあげていく時期となったが、すでに述べたように外国勢力の干渉によってメキシコ人が強い民族意識に目覚めた時期ともなった。

もちろんこの革命期以前にメキシコ人が民族意識をもたなかったわけではない。植民地時代末期にはクリオーリョ▲たちの意識のなかに「アメリカ人としての目覚め▲」があったし、独立運動のさいにも、メキシコ・アメリカ戦争(六頁参照)とフランス干渉戦争▲においても、独立国家としてのメキシコ・ナショナリズムは高揚した。しかし全国民を革命動乱に巻き込んだ武力抗争の過程で、それまで無視されてきた先住民や女性たちを含めたメキシコ国民像が明確にあらわれた。

メキシコ革命動乱期にこのような民族主義を高揚させる契機となったのは、アメリカのメキシコ政策であった。前述のように展開したアメリカの武力干渉にたいして、メキシコではあい対立する諸勢力がともに激しくアメリカに抵抗した。そのなかで、もっとも明確に一貫した反米姿勢をとったのがカランサで

▼クリオーリョ　スペイン植民地時代の十六世紀後半ころに使われだした言葉で、アメリカ大陸で生まれたスペイン人を指す。

▼アメリカ人意識　植民地時代をつうじて現在のラテンアメリカ地域は新大陸「アメリカ」として知られ、このスペイン植民地の新大陸で生まれ育ったことを意識した言葉。十九世紀後半までラテンアメリカ人は「アメリカ人」であった。

▼フランス干渉戦争(一八六二〜六七年)　ナポレオン三世がモラトリアム(債務返済の停止)をだしたメキシコへ軍隊を派遣し、さらにハプスブルク家の皇子マキシミリアンをメキシコ皇帝として送り込み、それに抵抗するメキシコ政府軍と戦った戦争。

ある。カランサは民族自決の理念を掲げ、他のラテンアメリカ諸国に働きかけてアメリカの内政干渉を断固として拒否することを主張した。この主張は、「カランサ・ドクトリン」として革命後のメキシコの基本的外交方針となっている。

メキシコ革命期に形成されたメキシコ・ナショナリズムはメキシコ人の自己認識を「古代文明を開化させた先住民」の血を受け継ぐメスティソ▲(混血人種)に求めた。これは近代化のモデルを欧米の白人社会に求めた十九世紀の近代国家像とはあい反するものである。西欧至上主義を追い求めたディアス体制の解体に始まった革命運動は、メキシコの独自性にもとづく新しい発展への可能性を模索したのである。それはやがて、一九二〇年代に始まる壁画運動(八四頁参照)や革命小説の隆盛などをつうじて、メキシコ国民の民族意識を広く高揚させることになった。

革命国家の建設

メキシコ革命は、一九二〇年に起こったクーデター、カランサ大統領の暗殺、

▼**メスティソ**　歴史的には先住民インディオと白人の混血を意味したが、現在ではさまざまな人種の混血を指す。

それに続く内乱およびオブレゴン政権（一九二〇〜二四年）の成立をへて、新たな段階を迎えた。この多難な政局を経験した一九二〇年からカルデナス▲大統領の任期が終了する一九四〇年までが、いわゆる革命国家建設の時代にあたる。この時期に、オブレゴン、カリェス▲、カルデナスという強力なリーダーシップを発揮した三人の大統領のもとで対立する諸勢力が徐々に統合され、革命が「制度化」された。

政治的にみた革命国家建設の時代は、再選を禁じた憲法を曲解して大統領選挙に出馬し、再選されたオブレゴンが就任前に暗殺されたのちに、政治の安定と革命成就をめざして一党独裁体制をつくりあげた時期であった。一九二九年に革命勢力を結集した革命国民党（PNR）が結成され、三八年にメキシコ革命党（PRM）と名称を変えて国民を四つの利益集団（労働者部会・農民部会・一般部会・軍部会）に取り込み、組合組織的な政治体制をつくりあげた。一九四七年にはさらに再編されて制度的革命党（PRI）と名称を変えて、その後二〇〇〇年の大統領選挙で敗れるまでの七一年間メキシコの政治を独占した。この政治体制の枠組みと政策の実践は、制度的革命党のイニシアルからPRI《プリ》体制と呼

▼**L・カルデナス**（一八九五〜一九七〇）　一九一三年に十八歳で革命軍に参加。ミチョアカン州知事時代（一九二八〜三二）に教育・土地・労働問題と積極的に取り組み、内務大臣と陸軍大臣をへて大統領に選出された。

▼**P・E・カリェス**（一八七七〜一九四五）　ソノラ州出身の教師・革命家。ウエルタ政権に反対して護憲派勢力に参加し、多くの要職につく。大統領時代に反教権主義政策を強行して、クリステーロの乱（六〇頁参照）をまねいた。

ばれた。このＰＲＩ体制の確立によって、二十世紀後半になってもクーデターが頻発し不安定な政治が続いたラテンアメリカ諸国のなかで、メキシコは例外的に政治の安定を半世紀以上も保ちつづけることができた。

経済的にみた革命国家建設の時代は、国家主導型の経済活動である混合経済体制が確立する初期にあたる。一九二九年に起こった世界恐慌は、革命動乱によって壊滅的な打撃を受けていたメキシコ経済に立ち直りの余裕を与えず、国家破産寸前にまでメキシコを追い込んだ。しかし第二次世界大戦の勃発による国際環境の激変によって、メキシコの経済危機は奇跡的に回復の糸口を見出した。一九三七年に実行した鉄道の国有化と三八年の石油資源の国有化および四〇年の石油公社ＰＥＭＥＸ《ペメックス》の設立は、新生メキシコの誕生を象徴するものである。これらの政策を断行したカルデナス大統領の時代に、メキシコはかぎりなく社会主義体制に近づいた。しかしメキシコ革命は最終的には社会主義革命の道を選択せず、私有財産制を保障した民主体制をとりながら、国家権力が主導する混合経済体制のもとで経済開発と社会改革に取り組んだのである。

しかしこのような環境のなかで取り組まれた再建時代の改革の政治がつねに

一貫したものであったわけではない。革命によって破壊されたメキシコの国家再建に向けた政策は、強力な個性と指導力をもったオブレゴン、カリェス、カルデナスという三名の大統領の思想・個性・政治基盤・国際環境などによって左右されたからである。現代メキシコの枠組みをつくりあげ、国民の統合と経済の発展をめざす基盤をつくったこれら三名の大統領は、メキシコ革命の制度化を主導した政治家たちである。

教育による国民統合

革命動乱期を脱した一九二〇年になると、オブレゴン政府は国民統合の手段としての公教育制度を積極的に整備した。憲法第三条に成文化された「教育の非宗教性と無償」の原則にもとづいて国民教育を普及させるために、一九二一年に全国の学校教育を統括する公教育省が新設され、当時メキシコ国立大学の学長であったバスコンセロス▲が初代公教育大臣となった。

革命の動乱終結後の一九二一年に実施された国勢調査▲によると、約一五一七万の国民の八〇%が農村で暮し、農村人口の識字率は一〇%という低さであっ

▼J・バスコンセロス（一八八一〜一九五九）　オアハカ州出身の弁護士・文人。マデロ運動に参加し、メキシコ国立大学総長、公教育省大臣（一九二一〜二四）として教育の近代化とメキシコ・ナショナリズムの形成に貢献。

▼国勢調査　ディアス政府が実施した一八九五年の最初の国勢調査に始まり、一九〇〇年以降は革命動乱直後の二一年の調査を除いて、現在まで一〇年ごとに継続して実施されている。

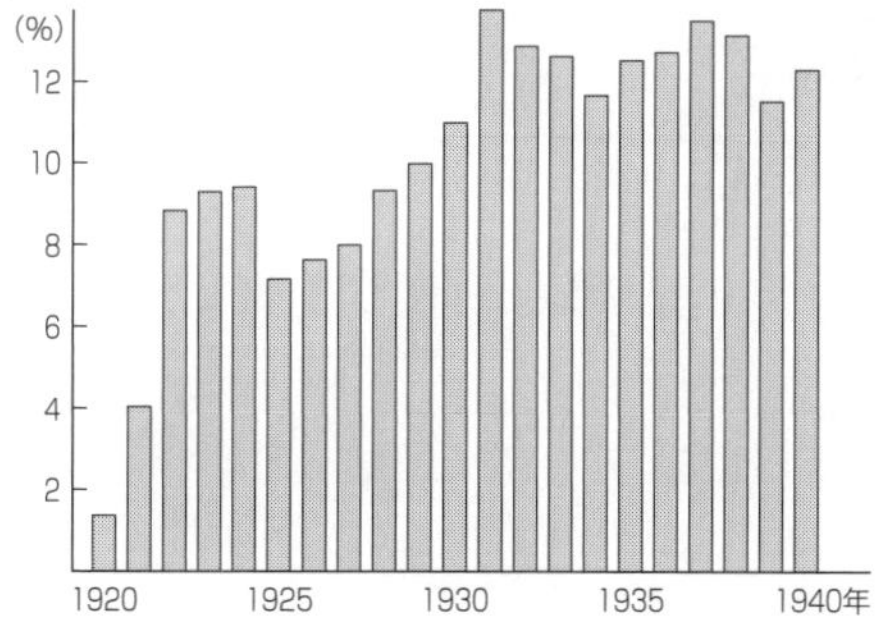

連邦政府の歳出に占める教育関係費の推移（一九二〇〜四〇年）

た。オブレゴン政府は農村学級を各地に開き、読み書きのできない農村住民の教育を開始した。こうしてつくられた各地の農村学校や農村学級へ、教師が派遣された。学校は村の近代化の中心となり、教育への介入を憲法で禁止されたカトリック教会から住民を切り離す砦となった。

オブレゴンに続く歴代の革命政権が教育に取り組んだ姿勢は、国家予算に占める教育関係費の推移で知ることができる。グラフに見るように、オブレゴン政権が発足した一九二〇年代前半に国家予算の一〇%に迫った教育予算はカリェス政権時代に一時低下したが、二九年にほぼ一〇%台にもどり、その後は四〇年まで国家予算の一二%前後を保持していた。その結果、一九一〇年に二三・六%だった十歳以上の人口の識字率は四〇年には三四・六%にまで上昇した。

革命国家建設期の教育政策のなかで実施された異色の取組は、一九三四年におこなわれた憲法第三条の改正によって導入された「社会主義教育」である。憲法条項の文言を「国が与える教育は社会主義である」と改変した背景には、一九三四年十月に開催された革命国民党の党大会で採択された六カ年計画のなかに「社会主義教育」がもりこまれ、学校教育の現場からカトリック教会勢力

農村の識字教育（リベラ画、公教育省の壁画の一部）

を完全に排斥し、「狂信と偏見から国民を解放して真の科学的教育」をおこなおうとする革命勢力の意図があった。一九三四年十二月に大統領に就任したカルデナスは与党の六カ年計画と憲法改正を受けて、急進的な教育改革を進めた。しかし教育の現場ではさまざまな問題が生じ、政府も教師も混乱し、矛盾する通達がだされ、各地で武力衝突が発生した。「社会主義教育」を明文化した憲法第三条は、一九四七年に修正された。

国家と教会の対決と妥協

政教分離と信教の自由を成文化しただけでなく、宗教団体に法人格を認めず、さらに宗教団体と聖職者の行動を厳しく制限した革命憲法の宗教にかかわる条項を、カトリック教会と保守勢力は受け入れず、その修正を求めて激しく抵抗しつづけた。その抵抗運動が頂点に達したのが一九二六年から二九年にかけて展開された「クリステーロの乱」である。クリステーロとは、革命政府にたいして「王なるキリスト、万歳」と叫んで武器をとった熱狂的なカトリック信徒たちのことである。

メキシコ市内のサンアグスティン教会の外観と内部　一八五九年に国有化され、一時期、国立図書館として利用された。

すでに述べたように、マデロ時代に国民カトリック党（ＰＣＮ）の創設を支援し、ウエルタ反革命政権に協力して護憲派勢力と対立したカトリック教会は、内戦時代に武装勢力による略奪の対象となり、聖職者たちの多くが国外へ脱出した。したがって一九一七年に反教権主義条項がもりこまれた革命憲法が公布されたとき、アメリカに亡命していた大司教と司教たちが抗議声明をだしたものの、それ以上の抗議行動はとれなかった。一九一九年六月の恩赦令によって帰国を許された聖職者たちが、荒廃した礼拝堂の再建から始め、信徒集団の活動を活性化させ、やがて憲法で明文化された禁止事項にあえて違反する行動をとって国家への対決姿勢を強めていったのが一九二〇年代前半である。禁止されている野外でのミサをおこない、政府と憲法を批判し、「カトリック信徒は憲法を拒否する」という大司教の発言が新聞に掲載されるほど、教会は国家への対決姿勢をあからさまにした。

それにたいしてカリェス政府は、聖職者による憲法違反に刑罰を科す刑法の改正を一九二六年におこない、聖職者数の決定と教会事項の管理権が与えられていた州政府にその実行を促した。その結果、州法を整備した州のなかには住

「クリステーロの乱」で戦死した兵士を埋葬する連邦政府軍

▼D・モロウ（一八七三〜一九三一）
アメリカの弁護士・銀行家。アメリカ大使として一九二七〜三〇年メキシコに駐在。メキシコの文化と伝統を愛し、「クリステーロの乱」の終結のための仲介役をはたした。

民一〇万人当たり一名の聖職者しか認めず、さらには聖職者に妻帯の義務を課すところまであり、州政府は全般的に厳しい教会政策を打ち出した。これにたいして教会は一九二六年七月三十一日の土曜日よりすべての宗教行事をおこなわない、いわゆる「教会のストライキ」にはいり、それは三年間続いた。政府の政策に抗議した信徒たちは、武器をとって「クリステーロの乱」に参加した。クリステーロたちの多くは農民であったが、中産階級の熱心な信徒と聖職者の一部も参加し、上流階級の女性たちは軍資金集めに協力した。クリステーロの標的は、革命政府が推進していた農村学校や識字運動にかかわる人びとにも向けられ、メキシコ人同士が殺し合う凄惨な宗教戦争となった。

　カリェス政府も徹底した「クリステーロ狩り」をおこなった。メキシコに駐在するアメリカ大使モロウ▲の熱心な仲介と最高裁判所の調停によって政府と教会首脳は和平協定を結び、一九二九年九月にクリステーロの乱を終結させた。この和平協定によって、政府はクリステーロたちに恩赦を与え、教会を拘束する法律を実施しないことを約束した。一方、教会は反政府活動を停止することを誓った。しかし協定は現実には守られなかった。停戦後も多くのクリステーロたちが官憲によって殺害され、一九三〇年代にはいると政府は礼拝堂と付属の司祭館をつぎつぎと接収した。その結果、地域によっては「第二次クリステーロの乱」と呼ばれる信徒集団の武装蜂起が発生した。しかし教会首脳は革命政府への抵抗をやめ、国家との共存の道を選んだ。こうして独立革命以来の課題であった政教分離と信教の自由が確立し、カトリック教会の介入を排除した社会の建設がゆっくりとではあったが始まったのである。

この「クリステーロの乱」を宗教戦争ととらえる見方には、異論もある。しかし自らの教義を絶対的なものとして信徒を武力闘争に駆り立てたカトリック教会が、普遍的な合理性・個人の権利・科学の進歩を受け入れて近代国家建設をめざした国家と全面的に対決し、国民を二分して血みどろの武力抗争を展開させた事実からみて、宗教戦争であったといえるであろう。

④—革命の成果

革命の制度化

内乱を終結させた護憲派勢力のもとでさまざまな改革が着手されたとはいえ、一九二〇年代にはまだ本格的な改革の段階にまでは進んでおらず、革命に参加した諸勢力が利害を対立させながら一触即発の状態で共存していた。一九一〇年代の動乱期を終結させたカランサ大統領は二〇年に殺害され、二四年にはオブレゴン大統領がカリェス将軍を次期大統領に推したことをめぐって内乱が勃発した。オブレゴン大統領に反発した勢力がA・ウエルタ▲財務大臣を対立候補に推したため、大統領選挙をめぐって国内は内乱状態に陥った。さらに一九二八年に憲法第八九条の再選禁止条項を曲解してオブレゴンが大統領選挙に再出馬したため、革命動乱期をともに闘った同志であるゴメス▲将軍とセラノ▲将軍が武装蜂起した。反乱は鎮圧されて両将軍は処刑されたが、大統領に再選されたオブレゴンも就任前に暗殺された。

オブレゴン次期大統領の暗殺事件は、反乱蜂起と内乱の頻発を防ぎ政治の安

▼**A・ウエルタ**（一八八一〜一九五四）　ソノラ州出身の会計士・政治家。護憲派勢力に参加し、ソノラ州知事として州内の改革に尽力。カランサ派からオブレゴン派へ渡り歩いた策略家としても知られた。

▼**A・ゴメス**（?〜一九二七）　ディアス時代の職業軍人。カナネア銅山のストライキ鎮圧作戦に参加。ウエルタのクーデターで護憲派勢力へ寝返り、一九二七年に大統領選挙に立候補し、武装蜂起して銃殺された。

▼**F・セラノ**（?〜一九二七）　ソノラ州知事秘書からオブレゴンの護憲派軍に参加。一九二〇年のクーデターでオブレゴンを支持。一九二七年のオブレゴンの大統領選挙出馬に反対して武装蜂起し、銃殺される。

カルデナス（前列左から二番目）**と軍部将官たち**

定を確立する制度づくりを緊急課題として浮上させた。政治を安定させるためには、利害の対立を緩和させ、調整する仕組みが必要であった。とくにこの時期の有力な指導者のほとんどは革命動乱期に武装勢力を率いて台頭した者たちで、軍部に強力な影響力をもっていたため、軍部の改革と近代化は緊急課題となった。こうして制度改革は軍部から始まった。

陸軍士官学校の組織とカリキュラムの近代化は、すでに一九二一年に着手されていた。一九二六年には軍部新大綱が制定され、軍規・進級・退役・恩給などが成文化された。軍部はさらにカルデナス時代に再編され、組織の近代化と非政治化が進み、ラテンアメリカでは例外的な存在となる「政治に介入しない軍部」がつくられた。

制度化された革命遂行のための政治体制は、つぎに取り上げるポピュリスト体制とも呼ばれる国民総動員型の仕組みである。軍部・中間層・農民・労働者が公党とも呼ぶべき革命国民党（ＰＮＲ）に結集され、利害の対立が内部で調整された。このように農民も労働者も党内のチャンネルをつうじて利害を主張できる、のちにＰＲＩ《プリ》体制と呼ばれる、革命諸勢力を一つの政党のなかに組み込んで改革の政治プロセスを制度化した、メキシコ独特の仕組みがつくられたのである。

「公党」の結成

以上のように、革命勢力を一つの政党に統合する試みは、一九二八年のオブレゴン次期大統領の暗殺事件を契機として急浮上した。それまで護憲派勢力をまとめてきたカランサ、オブレゴン、カリェスという革命動乱を闘い抜いた指導者による政治がオブレゴンの暗殺によって大きくゆらいだことが、革命の制度化を緊急課題としたからである。カリェス大統領は一九二八年九月一日におこなった年次教書で政治改革を提案し、その提案に従って翌二九年三月一日に革命国民党が結成された。

革命国民党は、地方の実力者・州政府・公務員・労働組合・農民組織など多様な利益集団をゆるやかに統合した、革命の目標を平和的に実現するための中央集権的な組織であった。しかも一九三〇年には同党の財源として国家公務員の年俸から七日分の賃金が拠出金として強制的に徴収されることになり、革命

▼組合主義国家（コーポラティズム）　公認された利益集団（労働者集団、農民集団、中間層集団など）が国家の政策決定の過程に参加し、利害の対立を調整する仕組みをもった政治形態の理念型。ＰＲＩ体制はその成功例とされた。

ＣＮＣが動員した農民でうめつくされた憲法広場

国民党は文字通り「公党」となった。

革命国民党は、一九三八年にメキシコ革命党（ＰＲＭ）として再編された。再編された同党は、労働者部会・農民部会・一般部会・軍部会の四つの部会で構成され、組合主義国家（コーポラティズム）▲の特徴を明確にもつ体制を確立した。労働者部会では一九三六年に結成されたメキシコ労働者総連合（ＣＴＭ）が中心組織となった。農民部会では、一九三八年に結成された全国農民総連合（ＣＮＣ）が全国の農民組織をまとめ、農民を基盤とする部会となった。一般部会はＣＴＭから独立した公務員組合連合（ＦＳＴＳＥ）が中心となった。これらの各部会は、中央から州へ、さらに州から市町村へと党本部からの司令が伝達される中央集権的な構造をもち、広く全国の国民を組織化して「公党」に取り込んだ。ただし、この間の一九四〇年に党内の軍部会が廃止されて、軍部は完全に政治から分離された。

メキシコ革命党は、一九四七年に制度的革命党（ＰＲＩ）と名称を変更した。こうして制度的革命党は、革命国民党が結成された一九二九年から現在にいたるまで、メキシコ革命の正統な後継者を自認している。

このような経緯をへて結成された「公党」は、選挙のたびに発生する候補者をめぐる利害の対立と武力抗争を回避するための調整を重要な任務とした。「公党」の次期大統領候補は、一九八〇年代まで事実上、大統領が自ら後継者を指名した。一方、各部会は自分たちの利益を守るために、党組織をつうじて政府に働きかけるチャンネルを獲得した。党本部は各勢力の利害を調整し、利益を分配することで、強力な政治力をもった。

農地改革

農地改革は、一九一一年にサパタ農民勢力が提示した「アヤラ計画」をもりこんだ一五年の農地改革法と一九一七年憲法第二七条にもりこまれた理念によって二〇年に農業委員会が設置され、本格的に取り組まれることになった。カランサ政権以降の歴代政権が実施した農地改革の趨勢を配分された農地面積と受益者数を示したグラフ（七〇頁参照）で見ると、農地改革が本格的に取り組まれるのは一九三四年に政権の座についたカルデナス大統領時代になってからである。

PRI本部

▼エヒード　農地改革によって村落共同体単位で分譲された農地が農民に耕作権として分配された農地の利用制度。元来は植民地時代に再編成された先住民の村落共同体が保有する牧草地や山林などの共有地を意味した。

▼F・J・ムヒカ（一八八四〜一九五四）　ミチョアカン州出身。神学校で学んだのち、新聞を発行してディアス政権批判を展開。マデロの暗殺後に護憲派勢力に参加し、一九一七年の革命憲法制定で改革派として活躍した。

▼F・カリーリョ＝プエルト（一八七二〜一九二四）　ユカタン州出身の革命家。州内の農民と労働者を組織し、南東部社会主義党を設立。州知事（一九一八〜二二）として農地改革をはじめとする改革に取り組んだ。

しかし農地改革に一貫した政策があったわけではない。農地改革は農民勢力の強い要求によって実施されたが、護憲派の基本理念は自営農民の創出による農業の近代化にあり、伝統的な農村共同体の再建ではなかったからである。したがって農地改革の実施をめぐって、エヒード制を農地の私有権を否定して社会主義体制に向かう過渡的段階とみる急進的農地改革派と自営農民の創出をめざす護憲派とのあいだには、大きな見解の相違があった。急進的な農地改革派は、サパタ農民運動の理論的指導者ディアス＝ソトイガーマを中心に全国アグラリスタ党を結成し、オブレゴン政権を支える勢力となった。このオブレゴン時代に、ムヒカやカリーリョ＝プエルトのような急進的な改革派を州知事にむかえたミチョアカン州とユカタン州で農民勢力が台頭した。

　歴代政権によって分配された農地の推移をまとめたグラフで示されているように、分配された土地の面積とその恩恵を受けた農民数はカルデナス時代が突出している。六年間の施政で約一八〇〇万ヘクタールの土地が約八一万の農民に分配された。とくにエヒードの導入が積極的におこなわれ、一九三五年にはエヒード銀行が創設されてエヒード農民にたいする融資と技術指導がおこなわ

政権別にみた農地改革の実績

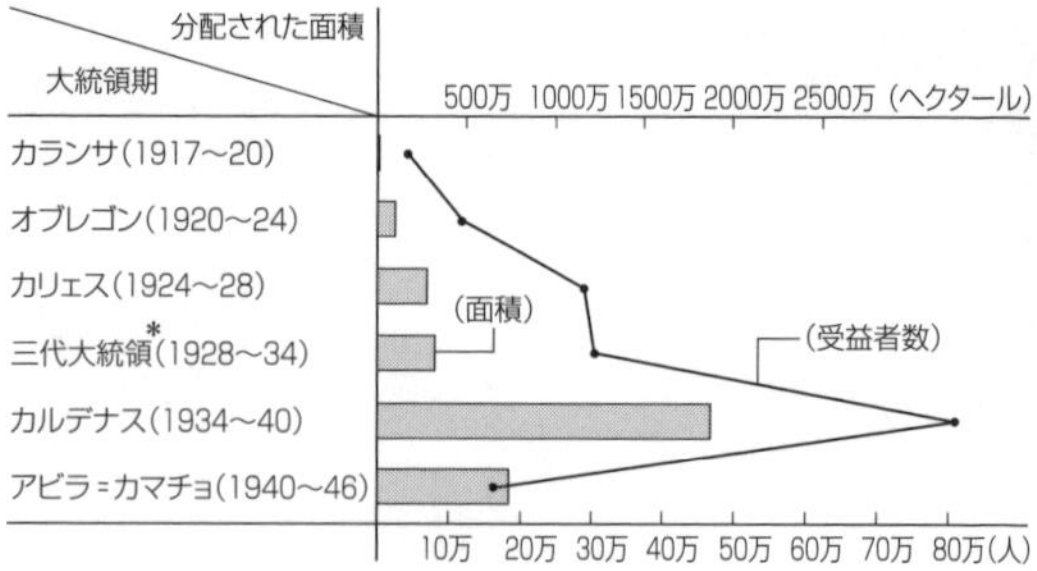

＊ポルティス＝ヒル（1928〜30），オルティス＝ルビオ（1930〜32），ロドリゲス（1932〜34）

れるようになった。エヒードは、カルデナス政権が終わる一九四〇年に農業人口の三分の一、耕地面積の四七％、農業生産の四九％を占めた。

カルデナス時代の農地改革のもう一つの特徴は、一九三六年十一月に制定した「収用法」にもとづいて、それまで着手しなかった内外資本のプランテーションを接収し、集団エヒードを導入したことである。輸出作物を生産してきたプランテーションを接収して農民に再分配することは農業経営の破綻を意味したため、それまでいずれの政権も躊躇してきた。しかしカルデナス政権はプランテーションを接収し、プランテーションの経営単位を維持して農民の協同耕作と協同経営を取り入れた集団エヒードを創設した。北部ラグーナ地方の綿花農園、北西部ヤキ川流域の小麦・綿花農園、ユカタン半島のエネケン農園などが集団エヒードに転換された。

農地改革は、あらゆる手段を行使しても所有地を保全しようとする大土地所有者の抵抗を排除しながら実施されねばならなかった。地域の実力者である大地主の逆襲から農民を守るために、カルデナス政権は農民に武器を供与した。一九四〇年に武装した農民軍は兵力六万に達し、当時の連邦正規軍五万五〇〇〇人を上回っていたことからもわかるように、農地改革の実施には国家の強い意志が必要だった。

外国資本の国有化

一九三〇年代に断行された鉄道と石油産業の接収は、外国資本にたいしてメキシコ革命政権が示した妥協を許さない基本的姿勢として国民に熱狂的に支持されると同時に、諸外国にたいしてはメキシコ革命の基本理念をあらためて確認させた。一九二三年にオブレゴン大統領がアメリカと結んだブカレリ協定▲では、革命憲法が定めたさまざまな規定の遡及効果を認めないとされ、外国資本の接収が回避されていた。しかしカルデナス政権が制定した「収用法」によって、外国資本の接収が断行されることになった。その最大の成果が、一九三七年六月に実施された鉄道の国有化と三八年三月に断行された石油産業の国有化である。

メキシコの鉄道はディアス時代に優遇措置を与えられた外国資本によって建設されたが、外国資本への依存に危機感をいだいたディアス政権の末期に株式

▼**ブカレリ協定**　一九二三年にメキシコ市のブカレリ街にある内務省で交渉・調印された「アメリカ政府によるオブレゴン政府承認と引き換えに外国の利権を制限した憲法規定を適用しない」ことを取り決めた協定。

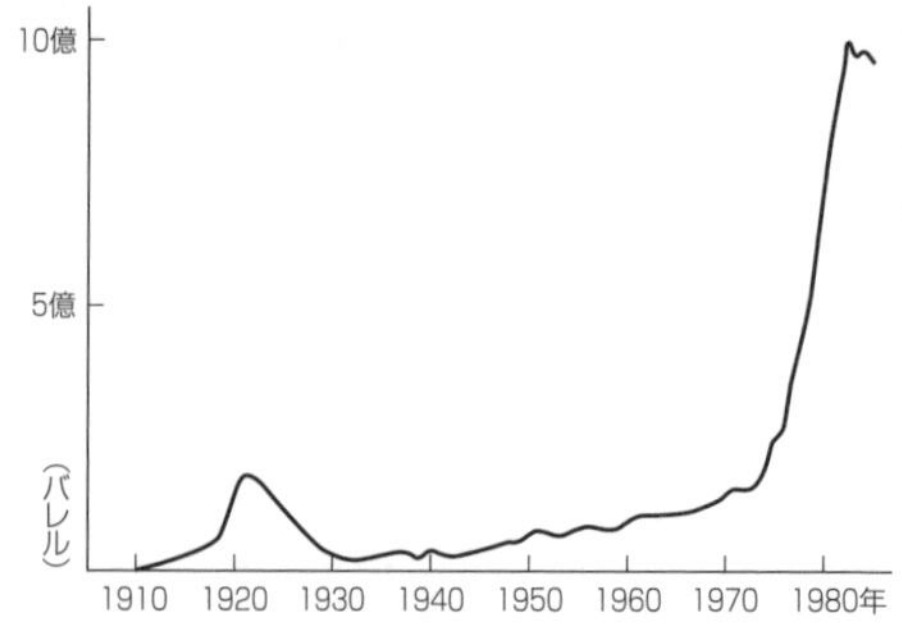

メキシコの石油生産量の推移（一九一〇〜八〇年）

のほぼ半分がメキシコ政府によって買い取られていた。しかし実質的な鉄道経営者は外国資本のままであった。一九三七年の鉄道国有化の背景には、鉄道労働者のストライキ問題があった。カルデナス大統領は、すでに述べたように労働者にたいしても農民にたいしても、その組織化を支援し、労働者と農民がかかえる問題に理解を示してきた。しかし鉄道の国有化は、労働条件の改善を要求して頻繁にストライキに訴える鉄道労働者問題を解決するためだけではなく、ストによる鉄道の麻痺が経済活動の深刻な阻害要因となっていたためでもあった。

石油産業の国有化は、直接的には一九三七年五月に発生した労働者の賃金引き上げ要求に端を発し、最高裁判所の判決に従わなかった石油会社が強制収用措置の対象となるという経緯をへて実施された。メキシコは二十世紀初期にアメリカ、ロシアとともに世界の三大石油生産国となり、そのメキシコ石油の開発は主としてアメリカとイギリスの資本によっておこなわれてきた。革命動乱期も油田地帯は英米資本のたくみな戦略で守られ、一九二一年まで産油量は減少しなかった。しかし諸改革が断行されていくにつれて、新たな投資がひかえ

石油産業の国有化二五周年記念切手

石油産業の国有化四〇周年記念切手

られ、施設の老朽化と乱掘による油田の枯渇などともあいまって、一九三〇年代には石油の生産量が最盛期の四分の一以下に低下していた。

このような石油産業の状況のなかで当時労働運動の指導的役割を担っていたメキシコ石油労働者連盟が賃金引き上げの要求を掲げてストライキにはいり、連邦裁定委員会による調停および企業側の最高裁判所への上告と却下をへて、メキシコの司法権に従わない石油会社にたいしてカルデナス大統領は強制収用措置を適用して国有化したのである。石油産業が国有化された一九三八年三月十八日は、現在でもメキシコ民族主義を再確認する日となっている。

カルデナス時代の工業のほとんどは外国資本の手にあった。したがって労働条件の改善を求めておこなわれた組織労働者のストライキやデモは、外国資本に向けられたものでもあった。鉄道や石油のように労働争議の調停にはいった政府が最終的な決断として外国資本の接収や国有化を断行した背景には、妥協しない外国資本の横暴さやメキシコ蔑視があったこともあげられる。その結果、労働者を支持したカルデナス政府の姿勢は、メキシコ・ナショナリズムを高揚させた。

講習を受けるインディヘナたち

国民統合とインディヘニスモ

革命政権がめざした国民統合は、人口の半分以上を占めた先住民と農村の下層農民をいかにして近代市民社会の一員にするかにあった。ほとんどの先住民は地域社会で伝統的な生活を保持し、半封建的な農村社会のなかで暮していた。この後進状態にあった農村人口と先住民を国民国家に組み入れるために、一九二〇年代と三〇年代に農村教育が積極的に進められた。同時に、メキシコの国民像に先住民を加え、とくに先住民の輝かしい過去の歴史と文化をメキシコ固有の遺産として強調する、新しいナショナリズムが革命政府によって推進された。この政治的につくられたナショナリズムがインディヘニスモである。

メキシコ革命以降の「先住民擁護運動」の意味で使われるインディヘニスモは、それまで社会の底辺に置き去りにされてきた先住民の擁護と復権を求める政府主導の運動である。革命で高揚したナショナリズムはメキシコの自己像を先住民の文明に求め、オブレゴン政権の公教育大臣となったバスコンセロスはメスティソ文化にメキシコのアイデンティティをおいた。そして同時代に生きる抑圧された先住民の解放をめざす政治運動として、インディヘニスモを謳っ

▼**M・ガミオ**(一八八三〜一九六〇)　アメリカのコロンビア大学で人類学を学び、一九一九〜二一年にメキシコ中部のテオティワカン一帯の発掘調査を実施。周辺の村落の民族学的調査により先住民救済活動の基礎をつくった。

たのである。このようにインディヘニスモは、たんにメキシコのアイデンティティとして過去の歴史遺産のなかの先住民文化を再評価しただけでなく、国民統合のシンボルとして、また新しい国民文化の基軸として、政策的に展開されたものである。

インディヘニスモは、メキシコ考古学と人類学の発展に並行して展開された。一九一七年に農業振興省に人類学局が設置され、その初代局長にガミオ▲が任命された。ガミオはのちに「メキシコ人類学の父」と呼ばれた考古学者で、数々の古代遺跡の発掘調査で業績をあげた人物である。また一九二〇年にオブレゴン政権が成立すると、公教育省のなかにインディオ文化局が設置され、公教育大臣バスコンセロスのもとで先住民文化に基礎をおくメキシコのナショナリズムが壁画運動(八一〜八三頁参照)のかたちをとって推進された。さらにバスコンセロスは「普遍的人種」(ラサ・コスミカ)という概念を提唱した。それによってそれまでのヨーロッパ白人至上主義を否定し、混血人種の優越性を主張することによって、多数の先住民と混血人種からなるメキシコ国民の独自性とアイデンティティを明示したのである。

▼**プレペチャ族**　メキシコ中西部で高度な古代文明を開化させた先住民。タラスコ族ともいう。現在ではミチョアカン州のチャパラ湖とパックアロ湖周辺に集住している。

カルデナスの時代になると、インディオ問題局が設けられ、一九三九年に国立人類学・歴史学研究所（ＩＮＡＨ）が設立され、先住民の生活環境と実態の調査研究がおこなわれるようになった。そして一九四〇年に中西部ミチョアカン州のプレペチャ族▲の中心地パックアロで第一回米州インディヘニスモ国際会議を主催したメキシコは、米州先住民事務局をメキシコ市に誘致してラテンアメリカの先住民運動の先頭に立ったのである。

以上のような展開をみたメキシコにおけるインディヘニスモは、革命政権がめざした国民統合政策の一環であった。先住民への教育の普及はスペイン語による識字運動として展開されたが、のちに一九六〇年代から先住民の言語を重視する二重言語政策へと政策が転換された。

女性の解放

男尊女卑が徹底していた伝統社会を変革しようとする動きはすでに十九世紀後半に始まっていたが、女性参政権を含む女性のおかれていた政治的・社会的状況の見直しが始まったのは、メキシコ革命動乱期である。

メキシコ革命に参加した女性たち

革命には多くの女性たちが参加した。たんに戦場で闘う男たちを支えただけでなく、自らも武器をとり、戦闘に加わった女性たちもいた。同時に一人前の人間としてあつかわれなかった伝統社会を変えようと闘った女性たちがいた。その結果、一九一五年には離婚法が制定され、一七年に家族関係法が成立して、男女平等をめざす法的基盤の整備が始まった。こうして一九一〇年代の革命動乱期は、メキシコの女性解放運動史における重要な転換期となったのである。

離婚を禁じていた当時の伝統的なカトリック社会において、メキシコでは一八六六年(のち八四年に改正された)の民法によって既婚女性の人格が完全に否定され、妻は法的には無能力者として夫に従属するものであった。しかし新しい法律の制定によって、夫の家父長的権限が制限され、完全ではないが男女平等の社会の建設が始まった。ただし女性が国政への参政権をえるためには、さらに一九五三年まで待たねばならなかった。

第一次世界大戦は各国の女性解放運動に大きな影響を与えたが、メキシコでも一九一九年にメキシコ女性解放主義者同盟が設立され、全国各地で女性解放運動を組織した。革命の動乱が収束したのち革新的知事を擁したいくつかの州

英語教育を受ける一九三〇年代のビスカイナス女学院(メキシコ市)**の授業風景**

では州政レベルの参政権が女性にも与えられたが、他方で女性解放運動が激しくなるにつれて伝統社会を保持しようとするカトリック教会を中心とした保守勢力による反撃も激化した。また歴代革命政権も女性に参政権を与えることに躊躇した。

革命勢力が容易に女性の参政権を認めなかったのは、「女性は敬虔で熱狂的なカトリック信者である」とみていたからである。そして一九二六年に勃発した「クリステーロの乱」と一九二八年に発生したオブレゴン大統領の暗殺事件は、このような革命勢力の女性観を増幅させ、女性参政権の成立を大幅に遅らせた。オブレゴン次期大統領を公衆の面前で銃殺した犯人は狂信的なカトリック信徒であり、その背後にカトリックの尼僧がいたことも影響した。「クリステーロの乱」についてはすでに述べたが、軍資金のために貴金属品を提供し、闘うクリステーロたちへの武器・弾薬の供給を分担して反乱に参加した上流階級の女性たちも、このようなマイナスの女性観を増幅した。

女性を取り巻く社会環境が大きく変わったのは、カルデナス時代である。公教育政策の推進が多くの女性教師を生み出し、これらの教育を受けた女性たち

●―**革命軍の兵士と女たち**　闘う兵士たちの食糧を調達し、食事の準備をし、ときには銃をもって戦場で男たちとともに闘った。

女性の参政権を要求する代表団とカルデナス大統領

が農村学校の教師として活躍した。また農村生活改善運動や保健衛生普及運動に従事するために専門の訓練を受けた女性たちが、指導員となって働いた。そのほかにも高等教育や職業教育を受けた女性たちが家庭から社会へ出る機会がました。

一九三八年にカルデナス大統領は女性参政権を認めるための憲法第三四条の修正案を連邦議会に提案した。法案は上・下両院議会を通過したのち、最後の手続きとして過半数の州が同案を批准した。しかし憲法修正宣言は保留され、女性の参政権が正式に成立するのは一九五三年になってからであった。

文化革命

一九二〇年代と三〇年代は、メキシコの文化革命の時代でもあった。メキシコでは植民地時代の遺産でもある白人優位主義が根強く、加えてディアス時代には欧米文化が極度に謳歌された。とりわけフランス文化への憧れが強く、上流階級や知識人たちは生活様式やファッションにフランス文化を取り入れ、日常生活でフランス語を話すことを望んだほどであった。しかしメキシコ革命は

文化革命

アステカ文明の栄華を描いた壁画の一部（リベラ画、国立宮殿回廊）

●──アステカの湖上の帝都テノチティトラン

●──トウモロコシを栽培し、収穫してトルティーリャにして食すまでの過程

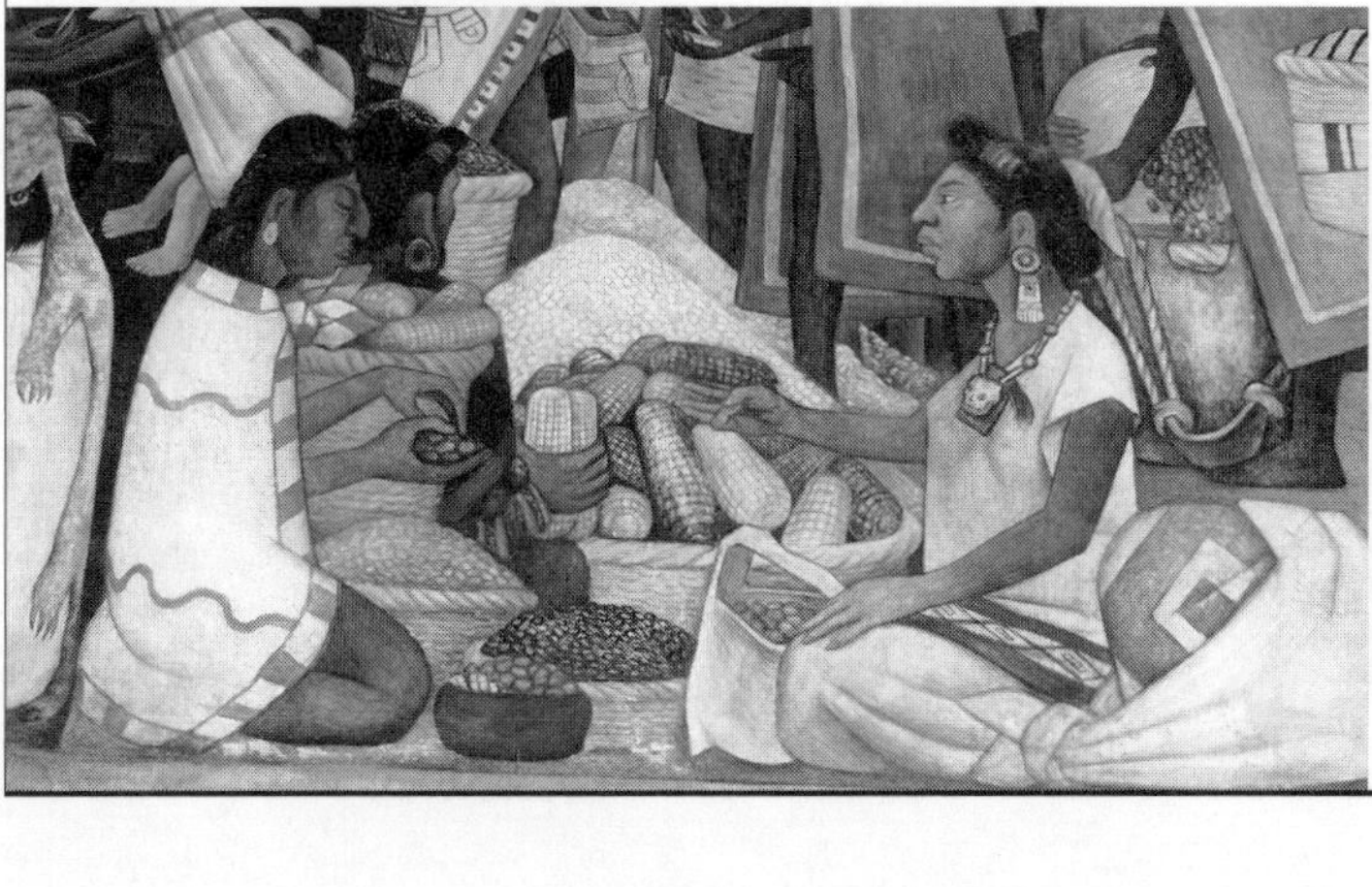

●──市場で取り引きされる豊かな食糧品

壁画に描かれた闘う国民の姿

●――カトリック教会からの解放、レフォルマ革命（リベラ画、国立宮殿）

●――土地と自由を求めて闘った独立革命とメキシコ革命（リベラ画、国立宮殿）

●――ディアス独裁体制と闘ったメキシコ革命（リベラ画、国立宮殿）

●——**戦場に向かう農民兵士たち**（シケイロス画、国立歴史博物館）

●——**塹壕で倒れる兵士たち**（オロスコ画、サンイルデフォンソ美術館）

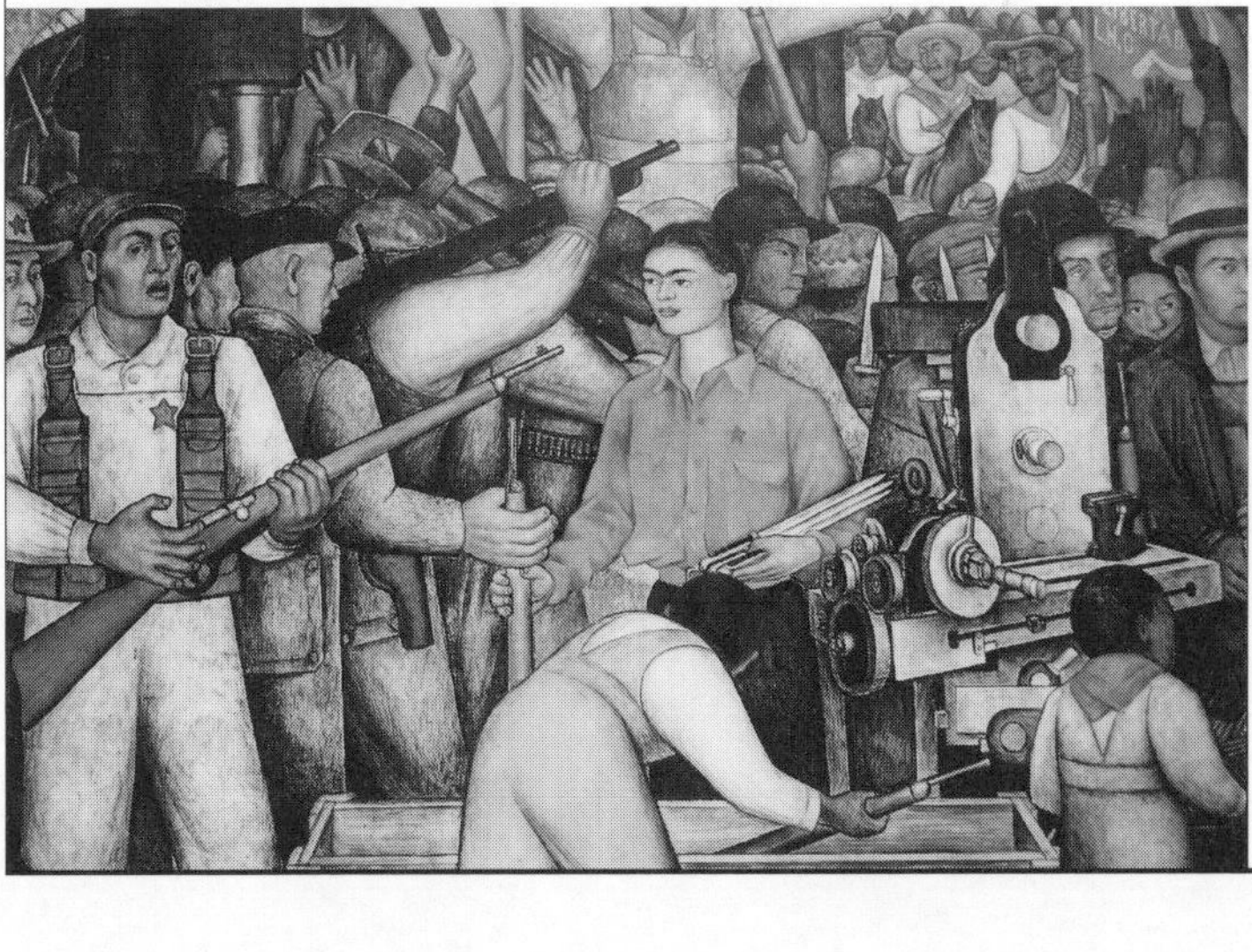

●——**武器を配る市民**（リベラ画、公教育省）

自国の独自性を主張して、新しい文化を誕生させた。この過程が文化革命である。

メキシコの新しい文化は、先住民の歴史と伝統を重視し、混血人種、すなわちメスティソを鼓舞するメキシコ革命の主張であった。オブレゴン政権の公教育大臣バスコンセロスは混血人種を優れた資質をもつ普遍的人種であるとして、新しいメキシコ人像を提示した。またバスコンセロスは新しいメキシコ人像と輝かしい古代文明を有するメキシコの歴史を広く国民に理解させるために、壁画運動を推進した。メキシコの独自性・華麗な古代文明・豊かな自然・ヨーロッパに征服された抑圧の歴史などを、さまざまな公共建造物の壁に描きあげたこの壁画運動は、メキシコ・ルネッサンスとも呼ばれるほどメキシコ精神を高揚させた。その中心的な壁画家がリベラ▲、シケイロス▲、オロスコ▲である。一九二二年に彼らを中心に技術・芸術家革命組合が結成され、さらにその組合員の多くが同年に結成されたメキシコ共産党員となった。メキシコの文化革命を担った芸術家たちの多くが社会主義思想に新しいメキシコの創造を求め、情熱的に参加したのである。

▼D・リベラ（一八八六〜一九五七）　サンカルロス美術学校で学び、一九〇七年ヨーロッパへ留学。一九二一年に帰国。革命政府の壁画運動をつうじた民族主義的な国民統合政策に共鳴し、多くの公共建造物に壁画を描いた。

▼D・A・シケイロス（一八九六〜一九七四）　一九一四年にカランサ軍に参加。一九一九年、カランサ政府のフランス大使館付文化担当官としてパリ滞在中にリベラと出会い、イタリア壁画を学ぶ。帰国後、壁画運動に参加。

▼J・C・オロスコ（一八八三〜一九四九）　国立美術学校で学ぶ。革命動乱期には新聞に挿絵を描き、一九二〇年代の壁画運動に参加。一九二七〜三四年アメリカに滞在。帰国後は独特の画風で多くの作品を残した。

▼M・アスエラ（一八七三〜一九五二）　ハリスコ州出身の医師。一九一四年にビリャ軍に参加し、その経験から『下層の人びと』を一九一六年に著した。同作品は革命文学のジャンルを確立したと高く評価されている。

文学の世界でも新しい潮流が起こった。それまで文学作品のなかで主人公になりえなかった先住民や下層の庶民たちを描いた作品がつぎつぎと発表された。とくに革命小説と呼ばれるジャンルでは、武器をとった名もない先住民たちの闘う姿が描写された。『下層の人びと』（一九一六年）を発表したアスエラ▲は、メキシコ革命文学という新しいジャンルを確立した作家である。

このようなメキシコ革命の成果を象徴するのは、現在、国立歴史博物館となっている首都メキシコ市内にあるチャプルテペック城である。メキシコ市を一望に見渡せるチャプルテペックの丘は、アステカ時代には王の避暑地として使われていた。植民地時代には副王の別荘地となり、独立後の十九世紀に陸軍士官学校が建設され、フランス支配の時代にはマキシミリアン皇帝の居城として増改築されて華麗な王宮となった。この第二帝政後にチャプルテペック城は歴代大統領の官邸として使用されたが、一九三九年にカルデナス大統領によって国立歴史博物館として明け渡され、四四年に公開されて現在にいたっている。

新しいメキシコの民族主義を象徴する巨大壁画（メキシコ国立自治大学中央図書館外壁）

メキシコ革命の遺産

かつて一九五〇年代から六〇年代にかけて、メキシコ革命の成果をめぐって激しい論戦が展開されたことがあった。第二次世界大戦後のメキシコが高度経済成長をとげる過程で出現した状況をめぐって、「革命は失敗した」とみる否定派と「革命は一定の成果をあげた」とする肯定派に二分された。この時期の一九六六年に、メキシコとアメリカの著名な学者・政治家・ジャーナリストらが論じたメキシコ革命論を収録した『メキシコ革命は死んだのか？』という本がアメリカで出版された。この本は一九七二年にメキシコでスペイン語版が出版されて異例のベストセラーとなり、七七年には日本語訳も出版された。

この記念すべき本に掲載された論文からわかることは、一つの革命の成果を評価する視点があまりにも多いことである。大雑把にまとめると、革命が失敗であったとする者たちはメキシコが依然としてかかえる貧困と不平等の現状を深刻に受け止めていた。一方、革命を成功とみる立場の者たちは革命によって変化した部分を相対的に高く評価してメキシコの将来に期待をいだいていた。

この本が出版されてからすでに四〇年をへた二十一世紀初頭の現在からメキシ

シコ革命を回顧すると、メキシコ革命がバラ色の成果をメキシコ国民全員にもたらしたわけではなかったが、植民地時代から続いた封建的な旧体制をラテンアメリカ諸国のなかでいち早く解体して改革のモデルとなったという意味で、メキシコ革命は大きな歴史的成果を残したといえる。一九九二年の憲法改正によって土地所有制度と反教権主義にかかわる条項の大幅な改変がおこなわれ、メキシコ革命は九二年に「完全に死んだ」。しかしメキシコ社会が多文化・多民族社会であることを容認し、五二におよぶ先住民の少数派言語で作成された小学校の教科書が二十世紀末までに作成されたという事実は、二十世紀前半に一〇〇万人をこす死者をだした血みどろの内戦をへたのちに近代国民国家建設を成しとげたメキシコ革命の成果として、とらえることができよう。

参考文献

青木利夫「メキシコにおける農村社会改良運動〈国民形成〉――一九二〇年代の農村学校と『文化ミッション』を中心に」『人間文化研究』第八巻　一九九九年

石井章『メキシコの農業構造と農業政策』アジア経済研究所　一九八六年

J・ウォーマックJr.（向後英一訳）『サパタとメキシコ革命』早川書房　一九七〇年

大久保教宏『プロテスタンティズムとメキシコ革命――市民宗教からインディヘニスモへ』新教出版社　二〇〇五年

加藤薫『メキシコ壁画運動――リベラ、オロスコ、シケイロス』平凡社　一九八八年

国本伊代「メキシコ革命とカランサ――革命憲法第27条にみるメキシコ民族主義とその実践」『中央大学論集』第一三号　一九九二年

国本伊代『改訂新版　概説ラテンアメリカ史』新評論　二〇〇一年

国本伊代『メキシコの歴史』新評論　二〇〇二年

国本伊代『メキシコ革命とカトリック教会――近代国家形成過程における国家と宗教の対立と宥和』中央大学出版部　二〇〇九年

国本伊代『ビリャとサパタ――メキシコ革命の指導者たち』山川出版社　二〇一四年

国本伊代編『ラテンアメリカ二一世紀の社会と女性』新評論　二〇一五年

国本伊代『メキシコ二〇一八～一九年――新自由主義体制の変革に挑む政権の成立』新評論　二〇二〇年

E・クラウセ（大垣貴志郎訳）『メキシコの百年　1810–1910──権力者の列伝』現代企画室　二〇〇四年
斉藤泰雄「メキシコ革命と大学──一九四五年『メキシコ国立自治大学』組織法の成立過程」『大学史研究』　第一二号　一九九六年
佐藤勘治「一九〇六年メキシコ・カナネア銅山ストライキ──ソノラ・アリゾナ国境地帯の鉱山労働運動」『アジア経済』三五巻一一号　一九九四年
清水透『エル・チチョンの怒り──メキシコにおける近代化とアイデンティティ』東京大学出版会　一九八八年
鈴木康久『メキシコ現代史』明石書店　二〇〇三年
禪野美帆『メキシコ、先住民共同体と都市──都市移住者を取り込んだ「伝統的」組織の変容』慶應義塾大学出版会　二〇〇六年
田中敬一「一九二〇年代メキシコに見る国民文化の創造」『愛知県立大学外国語学部紀要言語・文化篇』第三三号　二〇〇一年
恒川恵市『従属の政治経済学──メキシコ』東京大学出版会　一九八八年
仲原佑介『一九三〇年代のメキシコ』メタローグ　一九九四年
並木芳治『メキシコ・サリーナス革命──北米自由貿易協定に賭けた大統領』日本図書刊行会　一九九九年
E・ピンチョン（清水政二訳）『サパタ──その波らんの生涯』フジ出版社　一九七二年
C・フエンテス（西澤龍生訳）『メヒコの時間──革命と新大陸』新泉社　一九九三年
R・ポサス、清水透『コーラを聖なる水に変えた人々──メキシコ・インディオの証言』現代企画室　一九八四年

増田義郎『メキシコ革命――近代化のたたかい』（中公新書）中央公論社　一九六八年

松久玲子「一九二〇年代のメキシコにおけるフェミニズム運動――メキシコ革命と婦人参政権運動のはざまで」『社会科学』第六七号　二〇〇一年

山崎眞次『メキシコ　民族の誇りと闘い――多民族共存社会のナショナリズム形成史』新評論　二〇〇四年

山本昭代『メキシコ・ワステカ先住民農村のジェンダーと社会変化――フェミニスト人類学の視座』明石書店　二〇〇七年

横山功『革命期メキシコにおける国家と社会――カルデナス期ポピュリズム国家に関する一考察』上智大学イベロアメリカ研究所　一九八四年

米村明夫『メキシコの教育発展――近代化への挑戦と苦悩』アジア経済研究所　一九八六年

J・リード（野田隆ほか訳）『反乱するメキシコ』筑摩書房　一九八二年

O・ルイス（柴田稔彦・行方昭夫訳）『サンチェスの子どもたち』二巻　みすず書房　一九六九年（新装版一九八六年）

O・ルイス（高山智博訳）『貧困の文化――メキシコの〈五つの家族〉』思索社　一九八五年

S・R・ロス（中川文雄・清水透訳）『メキシコ革命は死んだのか？』新世界社　一九七七年

渡辺建夫『メキシコ革命物語――英雄パンチョ・ビリャの生涯』朝日新聞社　一九八五年

Knight, Allan, *The Mexican Revolution*, 2 vols., Cambridge University Press, 1986.

図版出典一覧

Enrique Florescano (coordinador), *Atlas histórico de México*, CULTURASEP/Siglo Veinteuno Editores, México, D.F., 1984 10
John Kenneth Turner, *Barbarous Mexico*, Charles H. Kerr & Company, Chicago, 1910 17 中下, 17 下
Historia de México, Salvat Ediciones de México, México, D.F., 1974, 全11巻, v.8 7, 17 上
Bazar de Fotografía Cassasola 扉, 35 上, 79 中, 79 下
メキシコ国立公文書館 (Archivo General de la Nación) 5, 8, 11, 12 下, 13, 17 中上, 18 右, 19 右, 21, 23, 24, 26, 27 左, 29, 37, 43, 45, 48, 49, 50, 61, 62, 65, 67, 74, 78, 80
加藤薫提供 カバー裏
著者提供 12 上, 15, 18 左, 19 左, 25, 27 右, 28, 31, 32, 33, 34, 35 下, 39, 40, 41, 47, 53, 56, 58, 60, 68, 69, 73, 75, 77, 79 上, 81, 82, 83, 84, 85, 86
Alamy/PPS カバー表

世界史リブレット㉒

メキシコ革命《かくめい》

2008年 6 月30日　1版1刷発行
2021年 9 月 5 日　1版3刷発行

著者：国本伊代《くにもといよ》

発行者：野澤武史

装幀者：菊地信義

発行所：株式会社 山川出版社

〒101-0047　東京都千代田区内神田 1 -13-13
電話　03-3293-8131(営業)　8134(編集)
https://www.yamakawa.co.jp/
振替　00120-9-43993

印刷所：明和印刷株式会社

製本所：株式会社 ブロケード

 ISBN978-4-634-34960-5

世界史リブレット　第Ⅲ期［全36巻］

〈白ヌキ数字は既刊〉

93 古代エジプト文明 —— 近藤二郎
94 東地中海世界のなかの古代ギリシア —— 岡田泰介
95 中国王朝の起源を探る —— 竹内康浩
96 中国道教の展開 —— 横手　裕
97 唐代の国際関係 —— 石見清裕
98 遊牧国家の誕生 —— 林　俊雄
99 モンゴル帝国の覇権と朝鮮半島 —— 森平雅彦
100 ムハンマド時代のアラブ社会 —— 後藤　明
101 イスラーム史のなかの奴隷 —— 清水和裕
102 イスラーム社会の知の伝達 —— 湯川　武
103 スワヒリ都市の盛衰 —— 富永智津子
104 ビザンツの国家と社会 —— 根津由喜夫
105 中世のジェントリと社会 —— 新井由紀夫
106 イタリアの中世都市 —— 亀長洋子
107 十字軍と地中海世界 —— 太田敬子
108 徽州商人と明清中国 —— 中島楽章
109 イエズス会と中国知識人 —— 岡本さえ
110 朝鮮王朝の国家と財政 —— 六反田豊
111 ムガル帝国時代のインド社会 —— 小名康之
112 オスマン帝国治下のアラブ社会 —— 長谷部史彦
113 バルト海帝国 —— 古谷大輔
114 近世ヨーロッパ —— 近藤和彦
115 ピューリタン革命と複合国家 —— 岩井　淳
116 産業革命 —— 長谷川貴彦
117 ヨーロッパの家族史 —— 姫岡とし子
118 国境地域からみるヨーロッパ史 —— 西山暁義
119 近代都市とアソシエイション —— 小関　隆
120 ロシアの近代化の試み —— 吉田　浩
121 アフリカの植民地化と抵抗運動 —— 岡倉登志
122 メキシコ革命 —— 国本伊代
123 未完のフィリピン革命と植民地化 —— 早瀬晋三
124 二十世紀中国の革命と農村 —— 田原史起
125 ベトナム戦争に抗した人々 —— 油井大三郎
126 イラク戦争と変貌する中東世界 —— 保坂修司
127 グローバル・ヒストリー入門 —— 水島　司
128 世界史における時間 —— 佐藤正幸